Dietmar Passenheim

Geradeaus ...
Mein Leben und Udo Jürgens

Dietmar Passenheim

Geradeaus ...

Mein Leben und Udo Jürgens

Rediroma-Verlag

Bibliografische Information der Deutschen Nationalbibliothek:
Die Deutsche Nationalbibliothek verzeichnet diese Publikation in der Deutschen Nationalbibliografie; detaillierte bibliografische Daten sind im Internet über http://portal.dnb.de abrufbar.

ISBN 978-3-98527-390-4

www.rediroma-verlag.de
7,95 Euro (D)

Inhalt

Zeig mir den Platz an der Sonne ...

… ertönt es aus dem Recorder. Die Musikkassette hat eine ungarische Brieffreundin geschickt. Timo findet sich in den Texten von Udo Jürgens wieder. Sie sind anders als die meisten Songs seiner Zeit. Vor allem aber schildern sie etwas, was Timo schon lange beschäftigt: Den Traum von einer gerechteren Welt, in der man sich gegenseitig zuhört und nicht ständig bekriegt.

Wenn Timo schreibt, bietet sein Arbeitszimmer zu allen Jahreszeiten eine besondere Aussicht. Vögel, Eichhörnchen, Gleitfallschirme und Werbeballons lassen sich durch das Fenster beobachten. Wenn im Herbst das Laub fällt, geben die Bäume den Blick zur S-Bahn-Strecke frei. Eine große Glasvitrine mit vielen Erinnerungsstücken ist Udo Jürgens gewidmet, Timos Idol. In dem Regal daneben finden sich amerikanische Bücher und die Lebenserinnerungen von Heinz Rühmann mit Widmung. Zu gern sitzt Timo an dem rustikalen Sekretär am MacBook und schreibt seine Gedanken nieder. Oft schaut er hinaus zu den vier Puzzles, die Roswitha zusammengesetzt hat, oder zum beleuchteten Modell der Freiheitsstatue, die für ihn selbst fast wie ein Symbol seines Lebens geworden ist.

Als Timo geboren wird, existieren zwei deutsche Staaten. Aber die Grenzen sind noch offen. Beim „Mauerbau", im August 1961, zählt Timo 8 Jahre. Trotz der Abschottung wird er die DDR als sein Land erleben. Hilfsbereitschaft, Respekt vor alten und behinderten Menschen, Höflichkeit und Nachbarschaftshilfe lernt er was nicht heißt, dass auch er nicht manchen Streich spielt. 15 Jahre wächst Timo mit Ofenheizung und ohne Badezimmer auf. Die Toilette ist gänzlich ohne Heizung. Zeitungspapier ersetzt das Toilettenpapier. Aber Timo hat ein großes Kinderzimmer. Allein die Hälfte des Raumes füllt eine TT-Eisenbahnanlage aus.

Timos Mutter wäscht, bügelt und näht in einem kleinen Laden für Kunden. Seine ältere Schwester kennt er nicht, sie war gleich nach ihrer Geburt gestorben, und sein jüngerer Bruder kam nach einem Krankenhausaufenthalt nicht mehr zurück. Die Eltern zweifeln ihr Leben lang an, dass er, wie andere Kinder, einem Krankenhaus-Virus zum Opfer gefallen sei. Sie wären nicht befugt, ihn ein letztes Mal zu sehen, erklärte man ihnen.

Seitdem steht Timo im Mittelpunkt. Sie leben von der Hand in den Mund und geben ihrem Sohn alles. Aus finanziellen Gründen verkauft Timos Vater sogar seine Briefmarkensammlung. Trotzdem empfindet sich die Familie glücklich und macht das Beste aus ihrem Leben. Gemeinsam lieben sie die Elbe und den Wald. Sie sammeln Beeren, Kamille, Pilze und wecken Obst für die Winterzeit ein. Aus Kernen züchtet Timos Vater in Blumentöpfen kleine Apfelsinenbäumchen, die sogar rote Orangen Früchte tragen. Timo vermag sich zu beschäftigen. Ein Ball, der wie ein Globus aussieht, auf dem er gern sitzt, viele Indianer, ein Rostocker Hafen aus Holz und eine – wie es damals hieß – Negerpuppe sind Timos Lieblingsspielzeuge. Und er hat einen Wellensittich, mit dem Namen Franzi, dem er das Sprechen beibringt.

Timo mag keinen Schulsport, aber er schwimmt gern und liebt es, Rad zu fahren. Timos Eltern besitzen kein Auto. Die Familie nimmt den Zug oder den Bus. Im Urlaub, wenn es denn klappt, fährt sie in ein FDGB-Ferienheim, ansonsten mietet sie Pensionen in Thüringen oder im Harz. Alle wandern gern. Außerdem reist Timo jedes Jahr für 2–3 Wochen in ein Kinder-Ferienlager. Er liebt die Nachtwanderungen und singt gern am Lagerfeuer. Auch die Experimente und sportlichen Wettkämpfe gefallen ihm.

Eines Tages wird in seinem Zuhause das Dach der elterlichen Wohnung undicht, er darf sein Kinderzimmer nicht mehr benutzen. Irgendwann verändert sich sein Vater beruflich, er erhält in der Haftanstalt Regis-Breitingen einen Job und es geht wieder aufwärts. Die Familie bezieht in Borna eine 3-Zimmer-Neubauwohnung mit Ofenheizung und Balkon. Als die Mutter ihre Parteifachschule als Klassenbeste beendet, wird sie mit einer Moskaureise ausgezeichnet. Nun dauert es nicht mehr lange und sie wird Bürgermeisterin. All das macht es Timos Eltern möglich, sich einen Garten zu kaufen. Hinter der Gartenanlage

ist ein gefluteter, ehemaliger Tagebau, der von einem Braunkohlenwerk verschmutzt wird. Trotzdem ist Baden ist auf eigene Gefahr erlaubt.

Verträumt und mit geschlossenen Augen wendet sich Timo dort oft auf einer Decke liegend, der Sonne zu. Dabei klingt ihm der Refrain von Udo Jürgens Lied in den Ohren, der über die Sonne singt, die zum Leben dazugehört. Timo liebt die Natur, den Wald und die Tiere. Gern besucht er den Leipziger Zoo. Weil er viele Freizeitangebote an seiner Schule nutzt, erwirbt er im Judo den gelben Gürtel und spielt im Singeklub Gitarre. Ehrenamtlich engagiert er sich in der FDJ-Kreisleitung für Kultur. Er träumt von einer besseren Welt und glaubt fest daran, dass sie sich gestalten lässt. Die Songs von Udo Jürgens begleiten ihn dabei, als er in sein Tagebuch schreibt: „In meinem Schulabschluss-Zeugnis steht, dass ich als Sekretär das Vertrauen meiner Mitschüler besaß, meinen Standpunkt jederzeit vertrat und dem Unterricht kritisch, jedoch nicht immer konzentriert gefolgt bin."

Ja, Timo langweilt sich im Staatsbürgerunterricht, schaut während der Phrasendrescherei lieber den Vögeln zu, die frei und unbeschwert fliegen. Und er fragt sich: „Warum kann ich nicht wie ein Vogel, frei, jede Grenze überwinden? Dann brauchte der Staat mir seine Geborgenheit, mit der er Mauer, Stacheldraht und Minenfelder begründet nicht mehr vorzuspielen." Warum kann Timo keinen seiner Brieffreunde aus dem kapitalistischen Ausland besuchen? Er möchte Apfelsinen- und Bananenplantagen in der Erntezeit sehen und die Freiheitsstatue in New York, weil sie vielen Menschen ein Symbol ist."

Es erklingt das Lied „17 Jahr, blondes Haar“ von Udo Jürgens und Timo notiert weiter: „Bald bin ich 17 Jahre alt. Ich wollte diesen Lehrvertrag zum Baufacharbeiter nicht, aber ich hatte keine Wahl. Ich möchte mir nicht vorschreiben lassen, wie ich zu leben habe und ich will einfach nur meine Meinung sagen. Ich will von niemandem ausgehalten werden, ich suche und scheue nicht das Risiko.“ Timo, der gern schreibt, ist von Neugier erfüllt über die Lebensart in anderen Staaten. Da gibt es einen Russischlehrer, der erzählt seinen Schülern vom schweren Leben in der UdSSR, einem Land, das er gern besucht.

Das lässt ihn neugierig werden und er beginnt eine Brieffreundschaft mit Luda aus Irkutsk. Zu einem Bulgaren knüpft er Kontakt. Auch dem Bulgaren Stanimir, dessen Annonce er in einer Zeitschrift findet, schreibt er.

Bislang weiß er nur, dass der Sommer so warm ist wie in anderen südlichen Ländern. Bulgarien ist einer der wenigen Staaten, die ein DDR-Bürger mit einem Visum besuchen darf. Zwischen Timo und dem drei Jahre älteren Schiffbau-Ingenieur beginnt 1977 auf diese Weise eine lebenslange Freundschaft. Weitere Annoncen für einen Briefwechsel findet Timo in der „Jungen Welt“, im „Neuen Leben“ (NL) und in der „Neuen Berliner Zeitung“ (NBI).

Da Timos Eltern aber „Westbeziehungen“ aus beruflichen Gründen verboten sind, verzichtet Timo auf Briefkontakte in die BRD und nach Westberlin. Zugleich ist er überzeugt davon, dass das Kontaktverbot auf die anderen Staaten nicht zutrifft. So schreibt er sich bald mit Menschen von fremden Kontinenten. Da er Bieretiketten sammelt, nimmt er zunächst vor allem zu Bierbrauern Kontakt auf. Attraktive Etiketten erreichen ihn aus Venezuela und Südafrika. Ganz geheuer ist ihm das allerdings nicht. Vorsichtshalber verschweigt er seinen Eltern diese Korrespondenz und empfängt die Antworten postlagernd.

Die 70-er Jahre beginnen für Timo fantastisch. Er ist ein Leser der Zeitung „Junge Welt“, der offiziellen Zeitschrift der FDJ. Neben den üblichen Artikeln zur Politik, die gezeichnet sind von Klassenkampf-Formeln des „Kalten Krieges“, bietet sie Spannendes über Kultur und Sport und die Rubrik „Unter vier Augen“. Eines Tages entdeckt Timo ein Preisausschreiben. Von der Frage fühlt er sich herausgefordert: „Wie stellst Du Dir einen Tagesablauf am Sonnabend, den 08.01.2000 vor?“ Ja, was wird in 30 Jahren sein? Rasch bringt er seine Vorstellungen und Träume auf Papier, doch er wird nur einer unter vielen sein. Kann er die Jury überzeugen? Er beabsichtigt nicht, sich in utopische Welten zu begeben, sondern lebensnahe Vorstellungen zu entwerfen:

„*Donnerstag, den 6. Januar 2000 – Tagesablauf. Durch die am Abend eingestellte Weckrufanlage werde ich pünktlich 7.30 Uhr geweckt. Mit dem Weckruf schaltet sich das Radio ein, gleichzeitig funktionieren alle in der Nacht ausgeschalteten Anlagen. Ausgenommen freilich die selbstregelnde Klimaanlage. Meine Fernsprechanlage hat einen Anruf auf Band aufgenommen. Neugierig lauf ich hin, wer das war und warum. Meine Wohnung unterscheidet sich nicht viel von den anderen Wohnungen. Moderne Möbel, selbständige Schiebetüren, Farbfernseher, Fernsprechcomputer, alles notwendiger Komfort in unserer modernen Zeit. Besonders stolz bin ich außerdem auf Mucki – ach, wer Mucki ist? Mucki ist mein Roboter, nicht etwa ein so neuer, das nicht gerade. Er entstammt der Phantasie meines Freundes und mir. Mein Roboter ist ein selbstlernender Automat, der jedoch als erstes Gebot den Befehlen seines Erzeugers untersteht. Mucki erledigt alle notwendigen Arbeiten schnell und ordentlich. Auch heute verdanke ich es ihm, dass alles ohne großes Zutun meinerseits seinen Gang geht. Nachdem ich in Ruhe gefrühstückt habe, verabschiede ich mich und besteige einen der Raketenbusse, der mich täglich rasch in die Redaktion bringt. Wie viel-*

leicht schon ersichtlich wurde, bin ich hauptberuflich als redaktioneller Mitarbeiter bei der Presse tätig. Unsere Nachrichtenverbreitung besteht nicht mehr so wie vor dreißig Jahren – im Gegenteil. Durch drahtlose Übertragung mit Hilfe hochleistungsfähiger elektrischer Anlagen werden Zeitungen und Zeitschriften farbig und gleich ins Haus geliefert. Man könnte das etwas übertrieben mit einem Fernschreiber vergleichen. Man wählt zu Hause die entsprechende Nummer und sofort erscheint die neueste Nummer der gewählten Zeitschrift mit den entsprechenden Fotos! Unsere Aufgabe als Redakteure besteht darin, Manuskripte druckreif von unserem Nachrichtencomputer ausarbeiten zu lassen. Nach der Auswahl des bestimmten Materials wird die Zeitschrift zur Veröffentlichung freigegeben. Heute vergeht die Arbeitszeit wieder rasch, schon ist es 14 Uhr – und vor uns liegt das 3-tägige Wochenende, Freitag bis Sonntag. Gemäß meinem festgelegten Programm werde ich das Wochenende im sonnigen Süden verbringen. Ich freue mich schon darauf, außerhalb unserer Jahreszeiten, mich wieder einmal in der Sonne aalen zu können. Auf die kommenden Tage bin ich gespannt. Täglich gibt es viel Neues und Interessantes, doch jetzt bahnt sich wahrscheinlich etwas Großes an. Gestern ist eine Expedition gestartet, auf Grund einer sensationel-

len Beobachtung brachen sie heute ihre eigentliche Aufgabe ab. Ihr Auftrag besteht jetzt darin, den bisher noch nie betretenen Abschnitt der Venus genau zu untersuchen, sobald Lebenserscheinungen erneut beobachtet werden, diese in der Kamera festzuhalten und zu verfolgen! – Das ist wirklich interessant, ich bin gespannt auf die neuesten Meldungen, die auch der Rundfunk täglich von zahlreichen Raumstationen übernimmt. Wird es auf der Venus Menschen geben? Na, wir werden ja in der nächsten Zeit dahinterkommen. Heute Nachmittag werde ich wieder an meinem Fernsprechkurs teilnehmen. Als Redakteur interessiert mich fremdsprachige Literatur. Bevor ich sie in einen Übersetzer einwerfe, lese ich sie lieber selbst. Außerdem lernt man die Sprachen besser kennen. Danach benutze ich einen der überall herumstehenden Straßenflitzer, gebe mein Ziel ein und schalte die Automatik ein. Schnell und sicher erreiche ich so den Kulturpalast unserer Stadt. Dort treten heute sehr bekannte Solisten auf. Da ich einerseits mir gern solche Veranstaltungen ansehe und außerdem ein Autogrammjäger bin, möchte ich mir diese Gelegenheit heute nicht entgehen lassen, das habe ich mir geschworen. So vergeht ein großer Teil des Spätnachmittags mit Spannung und Begeisterung, auch meine Autogrammjagd ist erfolgreich! Also fahre ich jetzt heim, wo Mucki bereits auf mich wartet. Bei guter Unterhaltung nach dem Einschalten des Fernsehers vergeht die Zeit. Für mich heißt es jetzt zur Ruhe gehen, denn der Atomexpress zum sonnigen Süden wartet morgen keine Zehntelsekunde länger!"

Timo schickt seine Geschichte an die Redaktion der „Jungen Welt" und wartet. Und … er bekommt Antwort. Er gehört zu den 500 ausgewählten Preisträgern. Den Preis findet Timo originell. Er erhält eine auf Leinen gedruckte farbige Einladung im A4-Format zum Bankett der sozialistischen Jugendzeitung am 6. Januar 2000. In 30 Jahren darf Timo also mit einer Begleitperson nach Berlin fahren. Die Einladung steckt Timo zunächst in einen Bilderrahmen. Später verschwindet sie in einem Ordner. Aller 10 Jahre wird er mit einem Brief daran erinnert: „Liebe Gewinner des Preisausschreibens ‚Träume ins Jahr 2000! Es ist uns ein Bedürfnis und unserem Statut zufolge eine Pflicht, Dich nachträglich für das neue Jahrzehnt zu beglückwünschen. Schicke uns bitte zur Gegenkontrolle eine Postkarte unter dem Kennwort „Träume ins Jahr 2000", ob wir Dich erreicht haben. Mit freundschaftlichen Grüßen, Redaktion „Junge Welt."

Bald darauf erfüllt sich der nächste Traum. Im Verlag der „Jungen Welt" erscheint das Jugendmagazin „Neues Leben“, das später kurz „NL“ genannt wird. An den Kiosken ist das monatliche Heft immer schnell vergriffen, aber für Timo wird es zurückgelegt. Schon die Deckblätter locken ihn mit ihren erotischen und witzigen Karikaturen. Die Zeitschrift berichtet über das Leben, die Mode, Musik und Filme. Es gibt technische und naturwissenschaftliche Themen, Rätsel, Ratgeberseiten und – für Timo wichtig – Kontakt-Annoncen. Viele der doppelseitigen Star-Miniposter, die sich aus der Mitte der Zeitschrift heraustrennen lassen, zieren die Wand seines Zimmers.

Im Dezember 1971 findet, wie in jedem Jahr, eine Filmpreis-Umfrage nach den beliebtesten Filmen und Interpreten statt. Dieses Mal ist Gojko Mitic dabei. Timo kennt alle Indianerfilme mit dem Schauspieler und sieht plötzlich die Möglichkeit, ihn persönlich kennenzulernen. Denn es lockt ein Sonderpreis für 12 Preisträger, welche zwei Tage Gast der Redaktion sein dürfen und bei der Filmpreisverleihung dabei sein werden. Timo begründet seine Bewertungen. Andere Preise, wie eine 14-tägige Reise mit Jugendtourist ans Schwarze Meer, fünf Plakate, ein Fotoapparat, ein Cosmos-Taschenradio und einmal Kleidung im Wert von 400 Mark in einem Jugendmodezentrum interessieren ihn nicht die Bohne. Timo denkt an das Lied von Udo Jürgens „Ich weiß, was ich will." Er schreibt dorthin.

Zwei Monate später gehört er zu den Sonderpreisträgern. In der „NL"- Redaktion Berlin, werden die Gewinner herzlich empfangen. Nach einem Rundgang und netten Gesprächen laufen sie zum Alexanderplatz. In der 37. Etage des „Interhotel Stadt Berlin" findet die feierliche Filmpreisverleihung statt. Hier erhält Regina Beyer, für ihre Rolle im Film „Hart am Wind" einen Preis, und Gojko Mitic wird für fünf erfolgreiche Indianerfilme geehrt. Beide Schauspieler hatte auch Timo nominiert.

Gojko begrüßt die Preisträger mit den Worten: „Ich möchte von meinen Fans mit meinem Vornamen angesprochen werden. Ich bin ein Mensch wie jeder andere. Ich hatte keine Traumrolle. Ich lass immer alles auf mich zukommen und versuche, aus allem das Beste zu machen. Ich mache nur meinen Job – und offenbar kommt das bei den meisten Menschen gut an." Timo ist begeistert von dieser Lebensauffassung, die er sich zum Vorbild nimmt. Nach dem Festessen lädt Gojko die Gewinner in das nicht weit vom Brandenburger Tor gelegene „Café Unter den Linden" ein. Es wird ein fröhlicher und diskussionsreicher Abend. Gojko Mitic ist in Jugoslawien geboren und über das geteilte Deutschland betrübt.

Timo ist es ein Anliegen, andere Menschen an seinem Erlebnis mit Gojko Mitic teilnehmen lassen. Er schreibt einen Erlebnisbericht. Nur wenige Tage später erscheint der Text als Leserzuschrift ungekürzt in einer Lokalausgabe der „Leipziger Volkszeitung“ (LVZ) unter der Überschrift „Meine Erlebnisse mit Gojko Mitic“. Timo bedankt sich für seinen ersten großen Zeitungsartikel und äußert, dass er beabsichtigt, Journalistik zu studieren. Der Chefredakteur bietet ihm an, ein ehrenamtliches Mitglied seiner Redaktion zu werden.

Als Volkskorrespondent der LVZ berichtet Timo fortan über viele Veranstaltungen in seiner Stadt und führt Interviews. Jedoch spürt er recht schnell, dass die Lokalredaktion einer Zensur unterworfen ist, die ihr verbietet, über Mängel zu berichten und kritische Beiträge zur Partei- und Staatsführung zu veröffentlichen. Deshalb nimmt Timo schließlich Abstand davon, sich für ein Studium der Journalistik zu entscheiden. Stattdessen beabsichtigt er 1972, eine Fernsehmechaniker-Lehre aufnehmen. Aber die Ausbildungsplätze sind begehrt und alle schon besetzt. Da er keine anderen Möglichkeiten sieht, stimmt er einer Ausbildung zum Baufacharbeiter zu.

Dafür wird er von der SED gelobt, zeige er doch mit seiner Entscheidung, die damals propagierte „Einsicht in die Notwendigkeit“. Ein ehrgeiziges

Wohnungsbauprogramm soll bis 1990 die Wohnungsnot durch Neubauten und Modernisierung lösen. Ziel ist es, dass so viele Jugendliche wie möglich einen Bauberuf erlernen. Seine Eltern trösten ihn. Eine abgeschlossene Berufsausbildung sei ja nur eine Grundlage. Hinterher könne Timo eine andere Tätigkeit ausüben. Seine Mutter habe nach ihrer Lehre, die ihr gar nicht gefallen hatte, ja auch verschiedene neue Jobs aufgenommen. Diese Aussicht tröstet Timo. Mit Kelle und Wasserwaage lernt er, Stein auf Stein zu bauen. Es bereitet ihm sogar Freude. Weniger angenehm ist das Schleppen von Zementsäcken.

Lieber steht er an der Mischmaschine. Zu der Zeit bekommt Timo oft Augenprobleme, die durch den Kalk und den Zementstaub entstehen. Im zweiten Lehrjahr wird es dann besser. Die Lehrlinge absolvieren eine Ausbildung im Wohnungshochbau. In einer von der SED gewünschten Rekordzeit bauen sie im Winter im Drei-Schicht-System Wohnungen für russische Offiziere. Darüber hinaus ist Timo beteiligt am Bau einer Schule. Sie entsteht neben Deutschlands längstem Haus, der „Langen Lene“ mit fast 800 Wohnungen. Nach zweijähriger Ausbildung ist Timo nun Baufacharbeiter im Hochbaukombinat Leipzig.

Noch in seiner Lehrzeit hilft er seinem Vater beim Bau einer neuen Gartenlaube. Sie reißen den alten Bau ab. Alle Mauersteine werden abgeputzt und wiederverwendet. Baumaterial ist Mangelware, darunter Zement, aber die Beziehungen von Vater und Sohn helfen. Ein weiterer Freund hilft beim Verputzen der Laube.

Kaum hat Timo seine Ausbildung beendet, erhält er den Musterungsbescheid der „Nationalen Volksarmee“ (NVA). Er ist allen als selbstbewusster Pionier und aktiver FDJler bekannt, der immer seine Meinung vertritt. Das entspricht, wie er meint, dem Statut der SED. Lehrer und Erzieher bemühen sich, Timo von einem Eintritt in die Partei zu überzeugen. Seine Eltern, beide SED-Mitglieder, sagen ihm, dass er seine eigene Entscheidung treffen müsse. Da Timo annimmt, dass er sich in der Partei für eine gerechtere Politik einsetzen darf, geht er seinen Weg. Zwei Bürgen und Passbilder finden sich schnell und für eine Mark Gebühr erhält er ein rotes Mitgliedsbuch.

Seine Aufnahme ist nicht feierlich. Er hat vielmehr das Gefühl, dass es am Wichtigsten sei, dass der Mitgliedsbeitrag jeden Monat pünktlich vom Konto abgebucht wird. Außerdem wird ihm nahegelegt, in die Gesellschaft für deutsch-sowjetische Freundschaft (DSF) einzutreten. Für SED-Mitglieder sei dies eine Dankbarkeit gegenüber der Roten Armee, die Deutschland vom Faschismus befreit habe. Timo gefällt das nicht, er wird aber dazu verpflichtet. Er empfindet sich gegängelt. In der DSF ist er nur ein zahlendes Mitglied. Nach einem Jobwechsel verschweigt er diese Mitgliedschaft und wird nicht mehr behelligt.

Die Teilnahme an Marxismus-Leninismus-Schulungen fällt ihm leicht. Zu seinen Diskussionsbeiträgen verwendet er Zitate aus Zeitungen und Zeitschriften und verbindet sie mit seiner Meinung. Diese ist oft kritisch und er wird aufgefordert, sich mit seinen Ansichten zurückzuhalten. Es sei seine Pflicht, jeden Parteibeschluss zu akzeptieren und zu helfen, ihn zu verwirklichen. Timo versteht nicht, warum er nicht das Recht haben soll, seine Meinung zu sagen. Nur in einer kritischen Auseinandersetzung mit den Problemen und mit der Bereitschaft zu Veränderungen, wird es seinen Erfahrungen nach möglich, das Land voranbringen. Die Realität aber ist eine andere. Bei Abstimmungen sieht Timo nie eine Gegenstimme und selten eine Stimmenenthaltung. Das erinnert ihn an das Lied: „Die Partei hat immer Recht“. Phrasen, Agitation, Gleichgültigkeit und absoluter Gehorsam bestimmen das Parteileben, alles Schritte zum Untergang einer ursprünglich doch guten Idee, ein anderes, besseres Deutschland zu schaffen.

Später ist Timo einer von drei SED-Mitgliedern, die die SED-Kreisleitung davon überzeugen, eine eigene Parteigruppe zu gründen. Gemeinsam wollen sie vieles im Land, zunächst aber erst einmal in ihrem eigenen Arbeitsumfeld verändern. Timo als Stellvertreter und der Parteisekretär der Dreiergruppe decken sogar eine Korruption auf, in die führende SED-Mitglieder verstrickt sind. Dafür erhalten sie eine Parteistrafe in Form einer Rüge. Timo erwägt, in Widerspruch zu gehen. Der Vorsitzende warnt ihn, dass er sich dadurch seinen Weg verbauen könnte. Ungern folgt er diesem Ratschlag.

Immer wieder denkt Timo an seinen Wunsch, Journalistik zu studieren. Das ist ohne Abitur aber nicht möglich. Ein Gartenfreund seiner Eltern indes weiß: „Besonders aktive SED-Mitglieder dürfen durch Sonderregelungen auch ohne Abitur studieren, wenn sie sich für einen 3-jährigen Ehrendienst bei der NVA verpflichten.“ Er ist der 1. Sekretär der SED-Kreisleitung und verspricht Timo, dass er nach seiner Armeezeit eine Volontär-Planstelle an einer Betriebszeitung erhält. Timo stimmt zu, drei Jahre zu dienen, wenn er wie zwei seiner Onkel zu den Grenztruppen kommt. Ihm wird mitgeteilt, dass diese Möglichkeit für ihn nicht besteht. Eine Begründung erhält er nicht. Daraufhin zieht er seine mündlich gegebene Bereitschaft zum dreijährigen Dienst zurück. Der befreundete SED-Funktionär bietet ihm eine Fallschirmspringerausbildung an, wenn er sich weiterhin für drei Jahre verpflichten würde. Fallschirmspringen reizt Timo, und sein Studientraum erhält wieder eine Perspektive. Er vertraut der mündlichen Zusage des Genossen.

Seine Freundin ist entsetzt, dass er so lange fort sein wird. Sie hat viele Geschwister und plant, bald eine eigene Familie mit mehreren Kindern zu gründen. Nur 18 Monate, sagt sie, wolle sie warten. Ihr Vater ist der Polizeichef der Stadt Borna bei Leipzig. Er bietet Timo an, Polizeibeamter zu werden, um so den Wehrdienst zu umgehen. Nach der Polizeiausbildung sei es möglich, in der Stadt zu bleiben. Der Bruder von Timos Freundin, ein Polizist, sieht ihn schon wie seinen zukünftigen Schwager an. Stolz wie Oskar ist er auf eine westdeutsche Schallplatte von „Heintje". „Darfst du als Polizist Westverbindungen haben?", wird er gefragt. „Offiziell nicht", erwidert er.

Timo ist noch nicht davon angetan, sich zu binden und freut sich auf das mögliche Fallschirmspringen. Seine Liebesbeziehung zerbricht. Timo wird Unteroffizier, Fallschirmspringer, Fallschirmwart und Höhenschutzmechaniker. Das Angebot einer Offiziersausbildung zum MIG-Piloten lehnt er ab. Genossen reden ihm ins Gewissen, es sei ein großer Fehler. Wer wie er die medizinischen Voraussetzungen erfülle, müsse stolz darauf sein, ein Pilot werden zu dürfen. Timo bleibt bei seinem Nein.

Sein väterlich wirkender Politoffizier bittet ihn zu sich. Er lobt ihn für seine Kenntnisse im Polit-Unterricht und seinen „festen Klassenstandpunkt". Er akzeptiert, dass Timo kein Jagdflieger wird. Stattdessen versucht er, ihn davon zu überzeugen, in seine eigenen Fußstapfen zu treten und Politoffizier zu werden. Doch Timo möchte keine militärische Karriere antreten, sondern nach der unumgänglichen Dienstzeit zurück in die Zivilisation gehen und ohne Befehle leben. Er fürchtet allerdings Nachteile, wenn er dies so offen bekennen würde. Er lehnt das Angebot mit der Begründung ab, schon immer ein Journalist werden zu wollen.

Kurz vor dem Ende seiner Armeezeit sucht er eine feste Beziehung. Deshalb annonciert er in der Zeitung „Junge Welt". Ihm ist bekannt, dass es immer darauf ankommt, wie man etwas ausdrückt und dass es ehrlich ist. Auch ist ihm klar, dass er nicht der Einzige sein wird, der sich meldet, und er wird belächelt. In seiner Annonce schreibt er, was seine Ansichten sind.

Bei seinem Kompaniechef holt Timo seine Post ab. „Über 150 Briefe hat hier noch niemand erhalten", sagt dieser erstaunt. Viele Mädchen schreiben, dass ihnen schon seine Art der Annonce gefällt. Einige haben ihm Fotos beigelegt. Er wird von Genossen beneidet. Die Auswahl fällt ihm schwer, aber sie gelingt. Die Auserwählte ist ein Zwilling. An andere Mädchen schreibt er tröstende Dankesbriefe und sendet die Fotos zurück. Es geht ihm wie im Lied von Udo Jürgens „17 Jahr, blondes Haar“. Ähnlich verliebt ist er in Patricia. Mit Hilfe eines Freundes wird Timo ein Jahr später auf Roswitha, ein bildschönes, selbstbewusst wirkendes Mädchen, aufmerksam.

Sein Freund arrangiert ein Treffen in der kleinen Garnisonsstadt Forst, mit seiner Freundin und diesem Mädchen. Es ist Liebe auf den ersten Blick. Sie gehen nicht, wie üblich, ins Kino, sondern besuchen lieber den Rosenpark, um sich dort näher kennenzulernen. Timo hat nun zwei Freundinnen und muss sich für eine entscheiden. Seine Brieffreundin, die er mit Hilfe seiner Annonce fand, ist bestrebt, ihre Ausbildung abschließen und zu studieren, bevor sie sich bindet. Es fällt ihm schwer, sie zu verlassen, aber die Liebe zu Roswitha ist stärker.

Nach 10 Monaten heiratet das Paar im August 1975. Es verzichtet auf eine Hochzeit in Uniform, die von der Armee finanziert wird. Die Facharbeiterin für Textiltechnik und Spinnerei kündigt ihren Job und zieht zu den Eltern ihres Mannes nach Borna. Timo folgt ihr kurz darauf, nach dem Ende seiner Armeezeit. Er liebt die nahe gelegene Messestadt Leipzig. Seine junge Frau Roswitha, welche in Karl-Marx-Stadt (heute wieder Chemnitz) geboren wurde, lebte lange in Kleinstädten. Eine Großstadt fasziniert sie, aber dauerhaft dort zu wohnen, daran muss sie sich erst gewöhnen. Timo hofft, eines Tages in Leipzig zu arbeiten und zu wohnen. Er weiß, dass es nicht einfach wird, eine Zuzugsberechtigung nach Leipzig zu kommen und eine moderne Wohnung zu finden. Roswitha absolviert eine zweite Berufsausbildung zur Facharbeiterin für Wärmekraftwerke im Braunkohlenwerk Espenhain.

Timo versucht, einen Termin beim 1. Sekretär der SED-Kreisleitung zu erhalten. Dieser ist beschäftigt. Timos Mutter ist darüber verärgert und es gelingt ihr, einen Termin für ihren Sohn zu vereinbaren. An sein Versprechen erinnert sich der Funktionär nicht mehr. Er beabsichtigt, sich persönlich um eine Volontärstelle kümmern. Kurz darauf teilt er Timo bedauernd mit, dass er leider nur eine halbe Planstelle an der Betriebszeitung „aktuell“ in einem Braunkohlenkombinat erreicht habe. In Kürze würde dort aber ein Redakteur in Rente abtreten, dessen Stelle er übernehmen könne. Bis dahin müsste er, im 14-tägigen Rhythmus, als Volontär und Ofenmaurer tätig sein. Timo stimmt dem Kompromiss zu. Ein Journalistikstudium erscheint ihm möglich.

Ab Dezember arbeitet das Ehepaar gemeinsam im Braunkohlenwerk Espenhain, unweit von Borna. Der Betrieb ermöglicht dem Paar, nach einer Mitgliedschaft in einer Arbeiterwohngesellschaft (AWG), eine 2-Zimmer-Neubauwohnung mit Fernheizung in Geithain, ca. 50 km von Leipzig entfernt. Timos Ehefrau Roswitha, kann ihre bisherige Tätigkeit in Geithain nicht mehr leisten. Sie absolviert eine dritte Berufsausbildung, um eine Arbeit zu finden. Sie wird Facharbeiter für Textilreinigung. Ihre erste Tochter kommt zur Welt. Das Paar hat Freude und ist überglücklich. Bald aber muss Timo erkennen, dass eine Planstelle an der Betriebszeitung „aktuell“ im BKK-Espenhain erst in zwei bis drei Jahren frei sein wird. Er löst sich von seinem Journalistik-Traum und sucht sich einen neuen Job.

Topsecret

Ein Leipziger Onkel empfiehlt Timo stattdessen, wie er zur Transportpolizei zu gehen. Er kann ihm den Einstieg erleichtern: „Bei der Transportpolizei wirst du gut bezahlt“, gibt er zu bedenken. „Du besitzt alle Voraussetzungen zur Einstellung, denn du warst bei der Armee, bist SED-Mitglied und hast keine Westkontakte in die BRD oder nach

Westberlin. Die Abteilung, in der ich tätig bin, entspricht einer kriminalistischen Tätigkeit und du trägst Zivilkleidung.“ Das ist verheißungsvoll. Der Chef der Transportpolizei verspricht ihm eine schnelle Beförderung bis zum Obermeister. Er würde in der Abteilung „ZBK“ arbeiten. Was sich hinter dem Kürzel verbirgt, erfährt er damals nicht. Timo unterschreibt einen 10-jährigen Dienstvertrag als Schutzpolizist der Transportpolizei Leipzig. Eine Offizierslaufbahn schlägt er aus. Es beginnt erst einmal die Ausbildung.

Es ist der dreizehnte Dienstanfängerlehrgang im Frühjahr 1977 in Halle. Die anderen Polizeischüler berichten, auf ähnliche Art und Weise angeworben worden zu sein. Für sie bleiben die drei Buchstaben ein „Buch mit sieben Siegeln“. Timo erwirbt in der folgenden Zeit vielfältige Kenntnisse in der Spurensicherung. Außerdem ist er verpflichtet, eine Nahkampfausbildung zu bestehen. Im Anschluss gratuliert ihm der Chef der Transportpolizei zum erfolgreichen Abschluss der Polizeischule und überreicht ihm den Dienstausweis. Dabei fragt er Timo, warum er das Angebot einer Offiziersausbildung abgelehnt habe. Timo antwortet, dass es seine Ziele seien, für Zeitungen zu schreiben, zu fotografieren und die Fotos selbst zu entwickeln.

Mit einem triumphierenden Ton in der Stimme erwidert der Major: „Mir ist aber bekannt, dass Sie auch schon während Ihrer Armeezeit attraktive Offiziersangebote abgelehnt haben. Deshalb bezweifle ich Ihre politische Grundeinstellung“. Timo zeigt sich unbeeindruckt und antwortet: „Nach der Armee war es mein Wunsch, Journalistik zu studieren, was mir ohne Abitur nicht gelang. Ich denke, dass nicht jeder gute Genosse ein Offizier werden muss.“ Dem Major gelingt es nicht, seine Enttäuschung zu verbergen, und er sagt distanziert: „Ihr zukünftiges Aufgabengebiet bleibt natürlich streng geheim, auch gegenüber ihrer Ehefrau.“ Timos Frage, welche konkreten Aufgaben er haben werde, beantwortet er in einem herablassenden Ton: „Das wird Ihnen ein Genosse Ihrer zukünftigen Gruppe schon noch erklären.“

Timo fühlt sich verletzt. Er wird in einer quälenden Ungewissheit zurückgelassen. Bisher glaubte er, dass er nicht für die Staatssicherheit tätig sein muss, was er ablehnen würde, weil er dazu nicht befragt wurde und auch keine Unterschrift gegeben hat. Aber nun kommen Zweifel auf. Er weiß, dass er naiv, ohne zu wissen, was ihn erwartet, einem 10-jährigen Dienstvertrag zugestimmt hat. Er ahnt voraus, dass er in einer Falle sitzt, aus der er sich befreien muss, was schwer wird.

Am nächsten Morgen klingelt er an seiner Dienststelle, die sich in der Gottschedstraße 40, in einer alten Villa befindet. Zwei Namen sind mit dem historischen Gebäude verbunden: Joachim Ringelnatz, der Dichter, und Albert Weill, der Vater des berühmten Komponisten Kurt Weill. Ringelnatz, der eigentlich Hans Gustav Boetticher hieß, hatte 1894 mit seinen Eltern die Parterrewohnung bezogen, Albert Weill später mit seiner Frau ein jüdisches Kinderheim in dem Haus geleitet. Äußerlich deutet nichts darauf hin, dass es sich um ein Dienstgebäude handelt.

Hinter dem Eingang sitzt ein Herr in Zivil. Ohne Timos freundliche Begrüßung zu erwidern, prüft er misstrauisch dessen neuen Dienstausweis. In einem von vielen Dienstzimmern wird er einer Gruppe vorgestellt, die ihn mit gespielter Freundlichkeit begrüßt. Timo spürt ein Gefühl von Distanz. Sein Gruppenführer wirkt gelassen und stellt sich vor. Sein wesentlich jüngerer Stellvertreter dagegen belehrt ihn: „Du musst stolz darauf sein, ein Mitarbeiter des „ZBK“ zu sein, weil du der Staatsmacht der DDR dienst.“ Timo fragt: „Was sind meine Aufgaben und was bedeutet die Abkürzung ZBK?“ – „Das erfährst du bald.“ Mehr bekommt Timo nicht zur Antwort.

Ihm wird ein zweiter Dienstausweis übergeben. Dieser weist ihn als Mitarbeiter der Deutschen

Reichsbahn aus und erlaubt die Benutzung aller günstigen Eisenbahn-Kantinen. Zusätzlich erhält er einen Eisenbahner-Fahrtausweis für die 2. Klasse, der auf dem gesamten Streckennetz der Deutschen Reichsbahn gilt. Er darf ihn nur für seine Fahrten von und zur Dienststelle benutzen. Timo erkennt, dass er in ein raffiniertes Spiel geraten ist, in dem er eine Figur sein wird. Was „ZBK“ bedeutet, weiß er immer noch nicht. Ebenso rätselt er nach wie vor, welche Aufgaben ihn erwarten.

Verbittert fährt Timo nach Hause. Was erwartet ihn? Befehlsgemäß erscheint er am nächsten Abend zum Dienst. Der Älteste seiner Gruppe wird ihn einarbeiten. Wie gefordert und ohne zu wissen warum, hat Timo einen kleinen Taschenspiegel und eine flache Taschenlampe mitgebracht. Dazu erhält er nun einen Spezialschlüssel. Sein zukünftiges „Werkzeug“ muss er immer bei sich tragen. Das Dienstgebäude, erfährt Timo, darf aus konspirativen Gründen nur einzeln und in Zivil betreten oder verlassen werden.

Beide Genossen verlassen die Dienststelle nacheinander und gehen dann gemeinsam zur Straßenbahnhaltestelle. Ein Gespräch zu beginnen, gelingt Timo nicht und er denkt, entweder möchte sein Genosse nicht mit ihm reden oder er darf es nicht. Nach zwei Stationen sind sie am Hauptbahnhof und durchschreiten den Querbahnsteig. Timo wird erklärt, wie er Zugeinfahrten an einem Signal schon von weitem erkennen kann, bevor sie von den Lautsprechern angekündigt werden. Ein unterirdischer, dunkler, nicht öffentlicher Gang führt sie aus dem Sackbahnhof heraus. Der Weg ist lang und schmutzig. Sie steigen über viele Bahnschienen und Weichen. Timo befürchtet, dass sie in der Dunkelheit von einem Zug erfasst werden könnten.

Der erfahrene Gruppen-Älteste beruhigt ihn lächelnd, und Timo stellt erfreut fest, dass er sprechen kann. Er wirkt müde, überanstrengt und Timo sagt provozierend: „Nachtdienste sind für mich ungewohnt, aber du bist sie ja sicherlich gewöhnt.“ Der Genosse antwortet: „In deinem Alter habe ich das wegsteckt. Erst in den letzten Jahren sind mir Nachtdienste anstrengend geworden. Bald gehe ich aber in Rente.“ Seine Mimik und Körpersprache zeigen Timo die Sehnsucht auf den Ruhestand. Es erscheint ihm, dass dem Genossen nicht nur das Alter und eventuelle Gesundheitsprobleme quälen. Es muss noch etwas anders dahinterstecken, weshalb er sich so sehr auf seinen Ruhestand freut.

Sie erreichen ein Abstellgleis. Erstaunt besteigt Timo erstmals einen der modernen, sauberen Personenwagen der Deutschen Bundesbahn. DDR-

Bürger dürfen sie nicht benutzen. Timo erfährt endlich, dass die Abkürzung ZBK „Zugbegleitkommando“ bedeutet. Das darf er niemandem verraten. In der Toilette und im Bad werden ihm Versteckmöglichkeiten gezeigt, mit denen Reisende versuchen, gegen die Zollbestimmungen der DDR zu verstoßen. In Zügen wird geschmuggelt. Der Genosse warnt Timo davor, dass Vorgesetzte, um die Gewissenhaftigkeit der ZBK-Mitarbeiter zu kontrollieren, oft Dinge verstecken, die er finden muss.

Timo erfährt, dass es die Dienstvorschrift erlaubt, ZBK-Genossen in den Streifendienst in Uniform abzukommandieren. Er rät ihm dringend, immer alles gründlich zu kontrollieren, obwohl es Zeit kostet. Im Waschraum und in der Toilette öffnet Timo mit dem Spezialschlüssel Deckenverkleidungen, die sich herunterklappen lassen. Er wird gewarnt: „Beim Öffnen musst du sehr vorsichtig sein. Hier oben können sich zwei, selten aber auch drei Menschen verstecken. Sie können bewaffnet sein und wollen illegal die DDR verlassen.“

Timo zeigt sich überrascht und spürt, dass er ständig aufmerksam beobachtet wird. Deshalb schweigt er lange. Er weiß, dass es vielen Ausreisewilligen und Republikflüchtlingen in der DDR wirtschaftlich und familiär nicht schlecht geht.

Immer mehr nutzen ihre gute Ausbildung für eine Republikflucht, um mehr Geld in der BRD und in anderen kapitalistischen Staaten zu erhalten. Andere lockt die Reisefreiheit.

Timo empfindet es als entsetzlich, dass freie Meinungsäußerung in der DDR unerwünscht ist und Menschen aus politischen Gründen abgeschoben und verkauft werden. Dass auf DDR-Flüchtlinge an den Grenzen geschossen wird, sieht Timo als Verbrechen. Er möchte, dass jeder Mensch für sich allein entscheiden darf, wo und wie er leben möchte. Timo selbst möchte seine Heimat nicht verlassen, er flieht nicht vor diesen Problemen, sondern versucht sie zu lösen.

Sein väterlich wirkender Genosse blickt ihn prüfend an. Timos Suche nach einem Augenkontakt weicht er sofort aus. Timo weiß, dass sein Genosse auf jede seiner Reaktionen vorbereitet ist. Nachdenklich meint sein Genosse: „Gesetze gibt es nun mal, denen sich jeder Mensch in jedem Land unterordnen muss. Mit dem § 214 StGB wird das ungesetzliche Verlassen der DDR bestraft.“ Timo ist bekannt, dass es das Sicherste für ihn und seine Familie ist, ihm zuzustimmen. Damit hat er in den Augen seiner Vorgesetzten den Test bestanden.

In einem Zugabteil essen sie still ihre mitgebrachten Brote und gehen wieder schweigend zur

Dienststelle zurück. Es ist schon weit nach Mitternacht. Auf seiner einstündigen Heimfahrt nutzt Timo die Zeit zum Nachdenken. Innerlich ist er mächtig aufgewühlt. Er fühlt sich verraten, gefangen und missbraucht. Er hat einen unangenehmen, unglücklichen Job und befindet sich in einem Gewissenskonflikt. Eine Vertragsaufhebung ist nicht vorgesehen. Mit niemandem darf er über seine Aufgaben und Probleme sprechen. Er muss für sich allein entscheiden, denn alles ist topsecret.

Zwei Tage später wird er in seiner Gruppe herzlich aufgenommen. In der Dienstbesprechung informiert der Vorgesetzte über kriminelle Ereignisse. Dann erfährt Timo, dass seine Aufgaben in der Zugbegleitung, Zugkontrolle, Gesprächsermittlung und Observation bestehen. Ein Schwerpunkt bei der Ermittlung ist die unerlaubte Kontaktpolitik, die bestraft wird. DDR-Bürgern ist es untersagt, Liebesbeziehungen zu Westdeutschen aufzunehmen. Zweck der Reise, das Ziel und die politische Einstellung zur Partei- und Staatsführung der DDR von Reisenden müssen ermittelt werden. Timo soll sich zu seinem Schutz eine persönliche Legende ausdenken. Nach der Besprechung verlassen die Mitglieder der ZBK-Gruppe einzeln die Dienststelle.

Vor Abfahrt des Zuges hält die Gruppe Ausschau nach verdächtigen Personen im Sinne des §

214 StGB (ungesetzliches Verlassen der DDR). Dazu zählen junge, dekadent wirkende einzelne Personen, die nervös erscheinen und kein oder wenig Reisegepäck bei sich tragen. Außerdem wird auf Paare geachtet, die sich verabschieden oder gemeinsam den Zug besteigen. Am letzten Bahnhof vor der innerdeutschen Grenze endet die Zugbegleitung, in der Nacht am Grenzübergang. Auf der Rückfahrt beginnt das gleiche Spiel.

Nach der Rückkehr erfährt Timo in der Dienststelle, dass er einen Tagesbericht schreiben muss. Der Gruppenführer sammelt die Berichte ein und gibt sie weiter. Wer sie erhält, auswertet und was danach passiert, kann Timo nur vermuten. Aus Angst vor einer Denunziation wagt kein ZBK-Mitarbeiter, mit einem anderen Genossen darüber zu sprechen. Timo schmiedet einen Plan, der die in ihn gesetzten Erwartungen erfüllt und zugleich andere Menschen schützt. Er vertraut seinen Stärken, der Kommunikation, der Beobachtung, dem Schreiben.

Timo weiß von der Wichtigkeit einer offenen Körperhaltung, die seine psychologische Waffe ist. Mit seinem Lächeln kann er Menschen erobern, Nein sagen, in gleicher Art und Weise zurücklächeln, einen Kampf eröffnen oder abwenden. Seine Drohgeste ist unmissverständlich. Sie zeigt, dass er sich nicht fürchtet und demzufolge nicht in Deckung und zum Angriff übergeht. In unerwarteten Situationen lächelt er, um Zeit zu gewinnen und die Lage unter Kontrolle zu behalten. Das kann Befremden hervorrufen oder Ablehnung hervorrufen. Jedoch gelingt es ihm, Respekt und Vorsicht zu erzeugen. Er weiß wann, wo und wie er lächelt. Oft hört er die Worte: „Sie haben es nicht gesagt, aber so geschaut."

Die Gesprächsermittlung, stellt Timo fest, ist für die meisten Genossen ein notwendiges Übel. Nicht jedem Menschen fällt es leicht, auf Menschen, unabhängig ihrer Qualifikation, ihres Alters und ihrer Herkunft, zuzugehen. Respekt, Bewunderung und Neid erlangt Timo, da er der Einzige ist, der Englisch spricht. Sobald eine interessant erscheinende Person Englisch spricht, wird er gerufen.

In seinen Berichten, die er schreibt, versucht er, Namen zu verschweigen. Manchmal fühlt er sich wie in Märchenstunden. Es ist ein riskantes Spiel. Nie weiß er, wie die Vorgesetzten die Berichte aufnehmen. Zudem ist er sich nicht sicher, wie die observierten Personen reagieren. Bleiben sie ruhig oder ahnen sie etwas. Werden sie gar aggressiv – oder tragen eine Waffe bei sich, so wie die Mitarbeiter des „ZBK" in den Nächten und bei Fahndungen. Zum Glück gelangt Timo nie in eine für ihn brenzlige Situation. Einmal wird er von der

Frau eines anderen Transportpolizisten, der im Unterschied zu ihm Uniform trägt, als Spitzel beschimpft. Er sieht sich nicht als Denunziant.

Während seiner Polizeizeit lernt Timo Reisende aus verschiedenen Staaten und mit unterschiedlichen Berufen kennen. Er führt intensive Gespräche, vor allem über die Politik. Timo versteht, dass die Menschen in beiden deutschen Staaten friedlich zusammenleben möchten. Westdeutsche Pfarrer imponieren Timo. Sie sind offen, nicht egoistisch und arrogant wie viele ihrer westdeutschen Mitbürger. Wie Timo hoffen sie auf eine baldige deutsche Wiedervereinigung. Timo lernt, dass die Berliner Mauer nicht nur zum Schutz vor der BRD gebaut wurde. Der Staat sperrt seine Bürger ein. Die politische Führung entfernt sich zusehends vom Volk. Sie predigt Wasser und trinkt Wein.

Timos Dienstzeit beträgt 12 Stunden, oft mehr. Sein Verdienst ist gut, doch die Freizeit knapp. Seine inzwischen 3-köpfige Familie sieht ihn nur selten. Drei Jahre lang pendelt er mit dem Zug täglich zweimal zwischen 60 und 90 Minuten. Endlich findet das Paar mit eigener Initiative in Leipzig eine 3-Zimmer-Neubauwohnung. Roswitha schließt sich dem Eröffnungspersonal für das zukünftige Interhotel Merkur an. Sie wird beruflich Westkontakte haben, die Timos Dienstvertrag widersprechen. Ihm kommt diese Gelegenheit aber gerade recht, sucht er doch schon geraume Zeit nach einer Möglichkeit, dem Labyrinth zu entkommen, in dem er sich überlistet und gefangen fühlt. So erklärt er entsprechend der Dienstvorschrift schriftlich, dass er sein Dienstverhältnis vorzeitig „aus persönlichen Gründen“ beenden möchte.

Der Chef der Transportpolizei teilt ihm darauf jedoch laut lachend mit: „Das ist unzulässig. Ihre Frau übt nur nach 4 Jahren Druck auf Sie aus und erpresst Sie. Die Verfassung der DDR zählt bei der Deutschen Volkspolizei nicht. Sie leisten eine gute, vorbildliche Arbeit, warum wollen Sie Ihr Dienstverhältnis auflösen? Es ist ein dienstliches Schreiben an das Hotel möglich, dass Ihre Frau keine Westkontakte haben darf. Sie muss sich einen anderen Job suchen. Die Frau hat sich nach dem Mann und der Dienststelle zu richten.“

Timo lehnt ab. Acht Tage später stehen spät abends unangemeldet der Chef der Transportpolizei und der stellvertretende Gruppenführer vor seiner Haustür. Sie fordern eine sofortige Aussprache mit ihm und seiner Frau. Roswitha ist verärgert und lehnt ein Gespräch ab. Timo überzeugt sie schließlich doch davon, mit seinen Vorgesetzten zu sprechen. Er möchte mit ihrer Hilfe diese Situation für sich ausnutzen. Das Paar hat

Argumente und versucht, Timos Dienstvertrag vorzeitig zu beenden. Es fühlt sich bestärkt und zuversichtlich. Wie in einem Lied „Du und ich gegen den Rest der Welt“ von Udo Jürgens will er sich, mit Roswithas Unterstützung verteidigen.

Die Offiziere betreten siegessicher die Wohnung, nehmen zufrieden und bequem im Wohnzimmer Platz. Der Major wirft Timo vor: „Ihre Aussagen im Antrag zur vorzeitigen Auflösung des Dienstvertrags sind teilweise unwahr. Eine vorzeitige Lösung des Dienstverhältnisses ist nur möglich, wenn 5 Punkte geltend sind.“ Den Punkt 6 „aus persönlichen Gründen“ verschweigt er. „Sie haben bei uns keine Belastung und wenn, dann nicht mehr als in jedem anderen Betrieb. Hier herrschen nur Weisungen und Befehle, entsprechend Ihrem Dienstverhältnis. Ihre Frau erhält Westgeld. Wenn Sie diese in Forum-Schecks wechseln und im Intershop einlösen, müssen Sie alle Konsequenzen selbst tragen“.

Roswitha antwortet: „Ich muss nicht mit Ihnen sprechen. Mit Ihrem Überfall haben Sie sich mir gegenüber strafbar gemacht. Auch ich bin Mitglied der SED. Ich bin stolz, Leiterin der Gästewäscherei des von Japanern erbauten größten Valutahotels in Leipzig zu werden, weil es für unseren Staat notwendig ist, Devisen zu erwirtschaften. Das sollte Ihnen bekannt sein. Meine Perspektive ist mir ebenso wichtig wie die meines Mannes. In der DDR herrscht, wie Sie wissen, Gleichberechtigung. Wenn die Deutsche Volkspolizei mich nicht respektiert, nehme ich, nach vier Jahren Verständnis, ab sofort meine Kontakte zu meinen BRD-Verwandten wieder auf, die sich darüber freuen werden.“

Die Offiziere stehen entsetzt auf und verlassen wortlos die Wohnung. Zehn Tage später wird Timos Antrag auf eine vorzeitige Entlassung mündlich als „unbegründet“ abgelehnt. Roswitha unterzeichnet einen Arbeitsvertrag mit dem Interhotel. Entsprechend der Dienstvorschrift teilt Timo den Arbeitsplatzwechsel von Roswitha der Dienststelle mit. Er erhält keine Antwort. Timo entscheidet sich für den nächsten Schachzug.

Über 100 Genossen nehmen an der monatlichen Parteiversammlung teil. Jeder Diskussionsbeitrag muss vor der Versammlung angemeldet und bestätigt werden. Vor dem Ende wird immer obligatorisch gefragt, ob noch jemand sprechen möchte, was bisher nie der Fall gewesen war.

Dieses Mal meldet sich Timo und er darf zum Rednerpult gehen. Es wird von ihm Reue erwartet. Aber er spricht offen über seine persönlichen Erfahrungen. Langsam und ruhig zitiert er aus dem Parteistatut und aus der Verfassung der DDR. Er spricht über die Drohungen, die Unterstellungen und die Lügen des Dienststellenleiters und der Parteileitung. Er berichtet vom Eingriff in seine Privatsphäre und den Drohungen gegen seine Frau Roswitha, die wie er Mitglied der SED ist. Er erklärt, dass er das Recht besitzt, seinen Dienstvertrag aus persönlichen Gründen vorzeitig zu beenden. Wenn jetzt eine Stecknadel auf den Boden fallen würde, wäre sie zu hören.

Es herrscht eisiges Schweigen. An den Gesichtern spürt Timo, dass viele angetan davon sind, wie offen er seine Beobachtungen äußert. Aber er weiß zugleich, sie werden nach seinen Gedanken schweigen. Amüsiert beobachtet er, dass sich sein Chef mit rotem Gesicht nur mühsam beherrscht. Timo spürt, dass man ihn aussprechen lässt. Er nimmt sich noch mehr Zeit, lächelt und genießt seinen vorbereiteten 15-minütigen Diskussionsbeitrag.

Dann erhält der Dienststellenleiter das Wort: „Die volle Wahrheit hat er nicht gesagt. Die Wahrheit ist: Er will weg um jeden Preis. Er übt einen Druck auf seine Dienststelle aus, alles steht gegen die Dienstlaufbahnordnung. Seine Frau unterschrieb auch einen Dienstvertrag, nur indirekt. Deshalb habe ich ihm die Scheidung empfohlen. Wie steht er noch zur Partei? Es wird eine Aussprache mit der Parteileitung geben."

Darauf ist Timo natürlich vorbereitet. Er hat keine Angst und wird jedes Argument zerschmettern. Kurz darauf ist es soweit. Die Genossen der Parteileitung werfen ihm unparteiliches Verhalten vor und dass er auf der Dienstversammlung unerlaubt gesprochen habe. Er lehnt eine Entschuldigung ab. Einen Monat später steht sein stellvertretender Gruppenführer wieder unangemeldet vor der Haustür, dieses Mal allein. Er verlangt eine Unterschrift unter einem Gesprächsprotokoll der Parteileitung und droht: „Bei Ablehnung erfolgt Dienstunfähigkeit und eine unehrenhafte Entlassung aus der DVP."

Timo lehnt eine Unterschrift lächelnd ab und sein Vorgesetzter stürmt wütend davon. Sechs Tage später wird Timo erneut vor die Parteileitung zitiert. Er wird in ein Kreuzverhör verwickelt. Nach 130 Minuten verlässt Timo eine enttäuschte und verärgerte Parteileitung. Vergebens versuchen ihn danach zwei Genossen seiner Gruppe doch noch zu einer Ehescheidung zu überzeugen. Timo wird zum Amtsleiter bestellt, der das Austrittsgesuch erneut ablehnt und sagt: „Ihre Ehefrau muss nachgeben, es ist Einsicht in die Notwendigkeit. Sie darf nicht im Valutahotel arbeiten, da sie dann Westkontakte hat und Westgeschenke erhält. Die interne Klassenkampf-Situation, siehe Polen und die der NATO, zwingt uns dazu. Nur eine Ehescheidung ist konsequent, parteilich und dem Statut gerecht." Danach wird Timo erneut zum Amtsleiter gerufen, der ihn anbrüllt: „Sie sind ein Staatsfeind und gehören hinter Gitter!"

Diese Unterstellung weist Timo entschieden zurück und verlangt eine Entschuldigung. Wieder schreit der Major ihn an, aber Timo lässt sich davon nicht beeindrucken. Schließlich äußert der Amtsleiter, nun gemäßigter, dass es nur sein persönlicher Eindruck sei, den er aber leider offiziell nicht beweisen könne. Er befiehlt Timo, ihm sein privates Notizheft, in dem er Vier-Augen-Gespräche wie das jetzige immer stichpunktartig mitschreibt, aus dienstlichen Gründen zu übergeben. Doch er lehnt aus juristischen Gründen ab und riskiert eine Befehlsverweigerung. Als der Major vor Wut schäumt, bleibt Timo unbeeindruckt und lächelt ihn sogar an. Wer schreit, befindet sich im Unrecht. Plötzlich beruhigt er sich und verzichtet auf eine Herausgabe.

Seit 11 Monaten wird das Ehepaar politisch und familiär unter Druck gesetzt. Roswitha leidet unter der gefährlichen Situation, weil Timo zum Staatsfeind erklärt wurde. Sie ist froh, dass er ihre Karriere nicht behindert, zu seiner Familie steht und sich von politischen Forderungen und Befehlen nicht einschüchtern lässt. Sie weiß, dass die Zukunft der Kinder gefährdet ist, die nichts von der

Gefahr spüren. Liebevoll hilft sie ihrem Mann, soweit es ihr möglich ist. Timos letzte Hoffnung ist eine Eingabe an das Ministerium des Inneren nach Berlin. Eine Antwort bekommt er nicht.

Vier Wochen später wird Timo zu einem Gespräch geladen. Ein Zivilist mit dem Dienstgrad eines Hauptmanns fragt: „Ich bin beauftragt, Ihre Eingabe an das Ministerium zu bearbeiten. Bleiben Sie bei Ihrem Entschluss?“ Timo antwortet: „Ja!“ Nach 3 Minuten darf Timo gehen. Am 13. März 1981 zur Leipziger Frühjahrsmesse eröffnet das von der japanischen Kajima-Gruppe errichtete Interhotel Merkur. Fünf Tage danach wird ihm über einen Genossen seiner ehemaligen Gruppe mitgeteilt, dass er zum 31.03.1981 entlassen ist. Am Entlassungstag verabschiedet ihn sein Amtsleiter unter vier Augen: „Für mich bleiben Sie ein gefährlicher Staatsfeind, der ins Gefängnis gehört, weil Sie Ihren Staat bewusst verraten haben. Aber ich kann Ihnen das leider nicht beweisen.“ Timo antwortet lächelnd: „Sie irren sich, Genosse Major, ich bin ein bewusster Staatsbürger, dessen Pflicht es ist, ehrlich die Meinung zu sagen, wie es das Statut der SED verlangt. Ich werde von Ihnen vorsätzlich missverstanden.“

Mit Hilfe von Roswitha fand Timo eine Möglichkeit, vielleicht sogar als Einziger, sich aus dem Teufelskreis zu befreien. Sie kämpften vier Jahre und siegten, wie im Lied „Geradeaus“ von Udo Jürgens.

Wohnungspolitik in der DDR

Ein Delegierungsschreiben seiner Dienststelle bewirkt ein Bewerbungsgespräch beim Rat der Stadt Leipzig. Dort wird ihm versichert, dass man sich sehr auf seine Mitarbeit freut, ihm aber erst in vier Wochen einen Arbeitsvertrag ausstellen könne. Timo entgegnet: „Arbeitslosigkeit gibt es in der DDR nicht. Meine Frau und zwei Kinder können ohne mein Gehalt nicht leben. Soll ich mich als Genosse und erster Arbeitsloser der DDR mit einem Plakat auf den Leipziger Markt stellen, wo bekanntlich oft westdeutsche Journalisten vorbeikommen?“ Das wirkt. Timo darf seinen Arbeitsvertrag sofort unterzeichnen.

An der Tür seines neuen Arbeitszimmers haftet nun ein Schild, das Timo als Wohnraumlenker des Rats der Stadt Leipzig-Mitte ausweist. In der DDR herrscht Not an komfortablen Wohnungen. Timo gilt selbst als privilegiert. Er hat mit seiner Familie eine Dreizimmer-Genossenschaftswohnung, die über Fernheizung, Bad und einen 6 Meter langen Balkon verfügt.

Eine Job-Einweisung gibt es nicht. Von seiner verschwundenen Vorgängerin erbt er Karteikästen und Aktenordner. Diese sind voll mit Hoffnungen, Hinhaltungen und Problemen. Er findet nur Namen und Adressen. Manche Ordner fehlen, andere sind unvollständig geführt. Am nächsten Tag, von 9 bis 18 Uhr, hat er seine erste Sprechstunde. Es ist Dienstag. Eine halbe Stunde vor Beginn der Öffnungszeiten eilt der Neue durch den schon vollen Gang zu seinem Zimmer. Skeptische Blicke folgen ihm. Die meisten Menschen, die zu ihm kommen, sind freundlich, bescheiden und voller Hoffnung. Andere äußern sich skeptisch und prophezeien, dass er, wie seine vielen Vorgänger, nicht lange bleiben wird, weil er sich auf einem Schleudersitz befindet. Immer seien es Frauen gewesen, die hier gearbeitet hätten, erfährt Timo. Er sei der erste Mann.

Timo sagt jedem, dass er sein Problem nur soweit kennen kann, wie es in den unvollständigen

Akten steht. Timo spürt, dass den Menschen oft nur Hoffnungen gemacht, sie vertröstet werden. Aber tätige Hilfe bleibt meist aus, und dies schon seit Jahren. Timo legt neue Akten an und verspricht, zu helfen, wenn es ihm möglich ist. Zwischen den Sprechtagen muss er Wohnungsbesichtigungen bei den Antragstellern durchführen. Eigentlich sollen sie dazu dienen, das beschädigte Vertrauen, der Bevölkerung zur Partei und Staatsführung wiederherzustellen. Oft ist es aber nur ein Hinhalten und Schönreden.

Entsetzt sieht Timo bei seinen Touren katastrophale Zustände. Er schaut hinter die Häuser Fassaden, in die Innenhöfe. In ehemals hochwertigen Wohngebieten in Gohlis und im Zentrum der Stadt sieht Timo unaufhaltsamen Zerfall, unzumutbare und unhygienische Wohnbedingungen. Mit subventionierten Mietpreisen ist keine Renovierung zu verwirklichen, vor allem fehlt es aber an Baumaterial, womit sich die Menschen mit Eigenleistung helfen würden. Eine dringende Hilfe wäre notwendig, lässt sich aber langfristig nicht realisieren.

Timo ist tief erschüttert über die Situation auf dem Wohnungsmarkt. Alleinstehende junge Frauen, Familien und Rentner zeigen ihm ihre menschenunwürdigen Lebensverhältnisse. Verzweifelte versuchen sogar mit Bestechung etwas zu erreichen, andere mit Sex-Angeboten. Timo erhält Einblicke in die fragwürdige Methode in den Wohnungsämtern, bei den Bedürftigen Hoffnungen zu wecken. Sie werden gebeten, leerstehende Wohnungen zu ermitteln und den Wohnraumlenkern zu melden. Die Wohnungen werden dann geprüft und in die Statistik aufgenommen. Aber nur selten erhält der Betroffene die entdeckte Wohnung, was ihm dann mit unterschiedlichen Argumenten begründet wird.

Meist werden Wohnungen in den wöchentlichen Dienstberatungen verteilt, nach einem fragwürdigen Prinzip. Meist handelt es sich um Wohnungen, die frei geworden sind, oder solche, die lange leer stehen, außerdem Wohnungen von Republikflüchtlingen. Nachdem Timo seiner Chefin in einem Vier-Augen-Gespräch Korruption und Bestechung nachweist, erhält er zum Nachteil seiner Kolleginnen mehr Wohnungen zugewiesen. Sie hat Angst vor ihm, weil er Polizist war. Nach knapp einem Jahr kündigt Timo. Seine Wohnungssuchenden bedauern das und verstehen ihn.

Werbung und Messen

Timo meldet sich danach auf eine Job-Annonce. Im Bewerbungsgespräch wird er nach seinem beruflichen Werdegang gefragt. Der Chef sagt stolz, dass er CDU-Mitglied sei, und lobt ihn für seinen Mut, dass er als einer von wenigen SED-Genossen nie schweigt. Er möchte ihn einstellen, benötigt aber dafür die Zustimmung seines Justiziars, der im Ministerium arbeitet.

Es folgt ein zweiter, vor allem wirtschaftspolitischer Meinungsaustausch. Timo erhält danach einen Arbeitsvertrag als Technologe und Gruppenleiter für Beschaffung. Er engagiert sich für 7 Möbelkombinate, in der Zentralstelle für Werbung und Messen des Ministeriums für Bezirksgeleitete und Lebensmittelindustrie der DDR. Das Büro befindet sich in der 1. Etage des Messehauses „Stenzler's Hof".

Timos Tätigkeitsfeld umfasst die Betreuung von Messehäusern in der City, u. a. des Untergrundmessehauses (heute S-Bahn-Station Markt). Im Herbst befindet er sich auf der Technischen Messe in der Halle 15, wo sich die Möbelindustrie der DDR präsentiert. In dieser Zeit absolviert Roswitha eine Meister-Ausbildung und er studiert an der Fachschule für Ökonomie.

Während dieser Zeit bekommt das Paar einen Sohn. Jede freie Minute widmen sie ihren Kindern. Sie wandern, spielen, basteln, feiern, lassen selbstgebastelte Drachen steigen, lieben Fahrradtouren und können Familienurlaube in acht FDGB-Ferienheimen genießen. Wie im Lied von Udo Jürgens bauen sie mit ihren Kindern selbst Drachen, weil doch gekaufte nicht halb so schön fliegen. Sie fühlen sich als glückliche Familie.

Briefe überwinden Grenzen …

… und verbinden Menschen. Brieffreundschaften sind die Vorstufe des Internets. Kommunikation ist Timo wichtig, sie kann Missverständnisse und

Auseinandersetzungen vermeiden. Nachdem Timo dem Polizeidienst entflohen ist, hat er über 70 Brieffreunde, auch in der BRD und Westberlin.

Viele Briefe sind bis zu sechs A4-Seiten lang. In ihnen berichtet Timo von seinem Leben, seinen Hoffnungen und seinen Zielen. Die meisten Brieffreunde sind in seinem Alter. Sie sind neugierig auf sein Leben in einem geteilten Land. Durch den Briefwechsel erfährt Timo, dass im August 1975 die Vertreter von 35 Staaten des West- und Ostblocks, auch die DDR, die Schlussakte der „Konferenz über Sicherheit und Zusammenarbeit in Europa“ (KSZE) in Helsinki unterzeichnet haben. Aus Westdeutschland erhält er eine Kopie und stellt fest, dass die Achtung der Menschenrechte und die Grundfreiheiten in der DDR gefährdet sind. Timo und Roswitha stellen besuchsweise Einreise-Anträge für Brieffreunde aus der BRD, Norwegen, der Schweiz und Japan.

Briefe nach der BRD und Westberlin sind oft eine Woche lang unterwegs. Briefe aus ferneren, nichtsozialistischen Staaten kommen schneller an. Timo ahnt, dass seine westdeutsche Korrespondenz überwacht wird. Mehrere Jahre nach der Wiedervereinigung werden sich seine Gefühle bestätigen. Während der Einsicht in seine Stasi-Akte findet er Kopien seiner Briefe. Seine kritischen Gedanken über die DDR sind markiert und tragen Randbemerkungen.

Timo hat schon immer das Bedürfnis, Grenzen zu überwinden und das Reisebüro Jugendtouristik bietet ihm diese Chance. In Zukunft wird er Jugendgruppen auf Reisen, auch in die BRD, begleiten und betreuen. Auf seinen Wunsch hin wird er delegiert und unterzeichnet einen Arbeitsvertrag als Mitarbeiter im Reisebüro Jugendtouristik Leipzig, den er nach einer Besuchsreise antreten wird.

Ende der 80-er Jahre lockert sich das Ausreiseverbot in die BRD und nach Westberlin. Allerdings ist es unverzichtbar, eine Verwandtschaft ersten Grades, einen dringenden Reisegrund und eine schriftliche Einladung vorzuweisen. Timo hat keine Westverwandte. Er findet heraus, wie er es trotzdem durchzusetzen vermag, ähnlich dem Lied von Udo Jürgens: „Ich weiß, was ich will".

Eine Tante seiner Brieffreundin Michaela sendet ihm eine Einladung zu ihrem 70. Geburtstag. Zusammen mit einer Bestätigung seines Arbeitgebers, die eine Formalität ist, stellt er zusammen mit dem Schreiben einen besuchsweisen Ausreiseantrag. Die Behörden werden damit in den Glauben versetzt, es würde sich um eine enge Angehörige von Roswitha handeln. Auf der Meldestelle erwartet Timo, zu seiner Enttäuschung, eine

Dame. Bei Zollkontrollen meidet er Frauen. Diese Chance hat er hier nicht. Seinen Gruß erwidert sie nicht. Mit einer Geste fordert sie ihn auf, sich zu setzen. Wortlos blättert sie eine geraume Weile in einer vor ihr liegenden Akte. Dabei beobachtet sie ihn unauffällig.

Er fühlt, wie sie versucht, ihn einzuschüchtern. Erwartungsgemäß stellt sie die Frage: „Warum stellt Ihre Frau nicht selbst einen Ausreiseantrag, es ist schließlich ihre Tante!“ So scheint sie – zum Glück – das Täuschungsspiel nicht durchschaut zu haben. Timo antwortet: „Wir haben zwei schulpflichtige Kinder. Meine Frau ist auf Grund ihrer Leitungstätigkeit verhindert. Wie Sie vermutlich wissen, ist das größte Interhotel unserer Stadt immer ausgebucht. Das ist wichtig, unser Staat benötigt Devisen. Die Familie würde sich freuen, wenn wenigstens ich zur Feier kommen könnte.“ Ihr Blick zeigt ihm ihre Zustimmung und Zufriedenheit. Aus seinen Unterlagen ersieht sie, dass er in Ehren aus dem Polizeidienst entlassen und in den Staatsapparat delegiert wurde, unverbindlich verabschiedet sie ihn: „Ob Sie vielleicht einen Reisepass erhalten, wird sich an Ihrem gewünschten Abreisetag entscheiden.“

An diesem Tag erscheint Timo auf der Meldestelle zweimal vergeblich. Beim dritten Termin schaut ihn der Beamte forschend in die Augen.

Dann schiebt er ihm wortlos einen Reisepass zu. Timo bedankt sich und verlässt die Dienststelle. Innerlich ist er euphorisch. Er hat aber erst eine Hürde überwunden. In 7 Stunden fährt sein Zug. Auf der Staatsbank der DDR darf er 15 DDR-Mark in 15 DM tauschen. Für 155,60 Mark kauft sich Timo eine DR-Fahrkarte von Leipzig nach Stuttgart. Um 22.00 Uhr fährt der Zug. Er ist im Bilde, würde er von einem seiner ehemaligen Genossen des ZBK wiedererkannt, wäre sein Plan aufgeflogen. Deshalb verabschiedet er sich von Roswitha schon vor dem Hauptbahnhof.

Er trägt einen von Vietnamesen maßgeschneiderten Levis-Jeansanzug, einen Oberlippenbart, eine Brille und ein amerikanisches Cape. Timo wirkt wie ein jugendlicher BRD-Bürger, der sich auf der Rückreise befindet. Auf dem Querbahnsteig observiert Timo alle ZBK-Genossen, die ihn bis zur Grenze begleiten werden. Wenn einer von ihnen clever ist, das ZBK gibt sich in den Zügen nicht zu erkennen, wird Timo bei der Pass- und Zollkontrolle diskret aufgefordert, den Zug zu verlassen.

Er erobert sich sofort einen Fensterplatz zwischen freundlichen Seniorinnen. Er fängt an zu lesen, dann stellt er sich schlafend. Bis zur Grenze verhält er sich unauffällig und weicht kritischen Mienen seiner ehemaligen Genossen, die aufmerksam in jedes Abteil schauen, aus. Um 1.30 Uhr erreicht der Zug den Grenzübergang Gutenfürst, und das ZBK verlässt den Zug. Timo ist gewaltig angespannt. Sein Reisepass wird kontrolliert, ohne ihm eine Frage zu stellen. Daraufhin beschnüffelt ein Schäferhund Abteil und Gepäck. Um 02.15 Uhr trifft der Zug in Hof/Bayern ein. Erst jetzt empfindet sich Timo erleichtert und atmet laut hörbar auf. Eine Seniorin sagt freundlich: „Junger Mann, das geht uns auch so und das ist völlig normal. Wir fahren oft. Aber jedes Mal sind wir froh, wenn dieser Zirkus vorbei ist."

Die Damen ahnen nicht, welches Risiko Timo eingegangen ist, um die innerdeutsche Grenze zu überwinden. Es ist der 7. Oktober 1987, der Republik-Geburtstag der DDR. Aus dem Zug heraus fotografiert Timo beglückt ein Schild vom Nürnberger Hauptbahnhof. 8.40 Uhr steht er in Stuttgart auf dem inzwischen schon leeren Bahnsteig. Eine freundliche Dame der Bahnhofsmission bietet ihm ihre Hilfe an. Dankend lehnt er ab. Dann rennt eine 4-köpfige Familie aufgeregt auf ihn zu und umarmt Timo herzlich.

Sie fahren zum Frühstück, parken in einer Tiefgarage und gelangen mit Rolltreppen zum oben befindlichen Kaufhaus-Restaurant. Die Gastgeber fragen ihn, ob er sich wohlfühlt, nach seiner so riskanten Reise. Er bejaht und fügt lächelnd hinzu, er habe sogar schon viele Einkaufsmöglichkeiten von den Rolltreppen aus gesehen. Seine Freunde entschuldigen sich dafür, nicht daran gedacht zu haben, dass das für ihn ein Schock sein müsse. Timo erwidert, das würde er schon verkraften.

Michaelas Mann leitet eine Sparkassen-Filiale. An einem Abend begleitet Timo ihn zu einer Musikprobe. Dort wird er wie ein Held gefeiert, weil er die Grenze auf so eine außergewöhnliche Methode überwunden hat. An einem Sonntag besuchen sie ein Pflanzenparadies. Timo bewundert die vielen Gewächse auf Stein und staunt über Zitronen- und Apfelsinenbäumchen. Stärker als bisher erwacht in ihm der Traum, diese im Süden wachsen zu sehen.

In Ludwigsburg besuchen sie Timos Brieffreundin Anni. Es ist ein herzlicher und bewegender Nachmittag. Einen Tag fahren sie nach Kernen und besuchen Timos Brieffreundin Regina. Michaela hält noch eine Überraschung für Timo bereit, einen Brief aus Norwegen. Er kommt von seiner Brieffreundin Rigmor aus Oslo, die ihm einen behaglichen Aufenthalt in der BRD wünscht. Beide kennen sich persönlich, durch ihre zweifachen erlebnisreichen Besuche in Leipzig.

Nach einem Einkauf bei einem Schlachter sagt ihm Michaela, dass er über das riesige Angebot erstaunt sein wird. Er bestätigt das, gesteht aber, dass ihm vieles künstlich und nicht gesund erscheint, womit er seine Brieffreundin ein wenig trifft. Aber am Abend ist die Enttäuschung verflogen. Die Frauen überraschen ihn mit einem Besuch in einer Besenwirtschaft. Michaela, Anni und Timo fahren durch viele Ortschaften und finden einen Besen, der die Öffnung der Besenwirtschaft anzeigt. Die drei deutschen Brieffreunde verbringen einen feucht-fröhlichen Abend mit Winzerwein und feiern ihr gelungenes Treffen. Anni bringt sie am späten Abend wieder sicher mit ihrem Auto nach Hause.

Michaela schreibt später in Timos Brieffreunde-Tagebuch, welches er auf seiner Reise nicht bei sich tragen darf: „Nun, eigentlich wundere ich mich heute noch, dass es mit Deinem Besuch im Westen geklappt hat. Auch die Zeit ging, wie alles, sehr schnell vorbei, doch wir hoffen, Dir trotzdem einige bleibende Eindrücke vermittelt zu haben, wenn`s auch nicht der Bodensee war. Stuttgart, Heilbronn, Heidelberg und Rothenburg ob der Tauber sind schließlich auch recht sehenswerte Stationen, nicht zu vergessen natürlich Ludwigsburg und Kernen. Vielleicht sehen wir uns mal wieder, ob im Westen oder Osten …“

Brieffreundin Anni sieht Timo in Leipzig wieder, nachdem die Mauer zwischen West und Ost aufgebrochen ist. Bei ihrem Besuch notiert sie in

Timos Freundschaftsbuch: „Heute haben wir uns wiedergesehen und dieses Mal in Leipzig. Woran ich beim Kennenlernen nicht geglaubt habe, ist eingetroffen, es gibt keine Grenze mehr, und doch hat es so lange gedauert, bis ich meinen Gegenbesuch machte. Trotz Kälte und Regen; es ist einfach schön!“

Nach seiner Rückkehr aus der BRD freut sich Timo auf seinen ersten Arbeitstag bei Jugendtourist. Unüberlegt erzählt er einem Mitarbeiter, dass er heute Nachmittag wieder seinen Reisepass abgeben muss. Sein neuer Chef ist in Timos Alter, ruft ihn in sein Büro: „Warum hast du mich nicht schon beim Abschluss des Arbeitsvertrags darüber informiert, dass du zuvor in die BRD fährst? Du weißt doch, dass du hier nicht arbeiten darfst, wenn du Westverwandte hast.“ Timo antwortet: „Verwandte habe ich nicht, nur meine Frau, und du hast mich nicht über diese Voraussetzung informiert.“ Darauf der Chef: „Das war doch nicht nötig, als Genosse musst du das doch wissen.“

Timo erklärt: „Ich war mit offizieller Genehmigung in der BRD, bin gern zurückgekommen und du wirfst mir vor, dass ich politisch untragbar bin?“ Sein Chef sagt verzweifelt: „So sind nun mal die Gesetze in der DDR, deshalb muss ich dich leider und ab sofort suspendieren.“ Timos befreundeter Anwalt schaltet sich ein. Dieser gibt

Timo Recht, doch auch er muss die Gesetze respektieren. Und die besagen, dass Timo sich aus politischen Gründen für die Arbeit bei Jugendtourist nicht eignet. Man einigt sich darauf, dass er nach vier Wochen einen Aufhebungsvertrag akzeptiert und eine Delegierung in den Staatsapparat erhält. Er bekommt dort die Aufgabe, das Archiv zu ordnen. Damit besitzt er den alleinigen Zugang und wird nicht kontrolliert. Amüsiert liest er auf vielen Ordnern die Aufschrift „Streng vertraulich“.

Dokumente zu lesen, aufzuräumen und Ordnung zu schaffen, diese Arbeiten bereiten ihm Freude. Bei Jugendtourist wird Timo herzlich und bewegend verabschiedet. Sein Ex-Chef befindet sich in einem Gewissenskonflikt und versucht, ihm zu erklären: „Ich verstehe dich und entschuldige mich persönlich bei dir. Ich bedaure, nicht anders entscheiden zu können. Du weißt, dass ich zwischen zwei Stühlen sitze. Ich muss mich leider an solche Vorschriften halten.“ Für seine Leistungen erhält Timo eine Urkunde und eine ansehnliche Prämie. Beide ahnen nicht, dass sich ihre Freiheitshoffnung bald erfüllen wird.

Timo wird Mitarbeiter beim Rat der Stadt, in der Abteilung Kultur. Für die Jugendarbeit zuständig, soll er Überzeugungsarbeit leisten. „Unserer Bevölkerung“, wird ihm erklärt“, muss immer wieder bewusst gemacht werden, wie gut, richtig und wichtig die Politik- und Staatsführung für sie ist". Timo organisiert kulturelle und sportliche Veranstaltungen, weil dort Menschen am besten erreicht und agitiert werden können. Später erhält er den Auftrag, eine Weihnachtsfeier in einer Begegnungsstätte der Volkssolidarität für Senioren und Seniorinnen zu organisieren. Die finanziellen Mittel, die ihm dafür zur Verfügung stehen, sind gering. Deshalb muss er improvisieren, was DDR-Bürgern im Allgemeinen leichtfällt.

Roswitha unterstützt ihn dabei. Sie sorgt für die weihnachtliche Dekoration, die sie mit privaten Beständen bereichert. Über 40 Besucher, im Alter von 60 bis 88 Jahren, nehmen teil. Es gibt Kaffee, selbstgebackenen Kuchen und Snacks. Wie von Timos Funktionären erwünscht, kommt es zu politischen Gesprächen. Jedoch vertritt Timo darin wie schon oft im Leben seine private Meinung, anstatt die Senioren mit Phrasen abzuspeisen. Gerührt bedanken sich diese dann bei Timo und äußern, es sei die für sie bisher schönste Weihnachtsfeier gewesen. Als sie erfahren, dass er seine Tätigkeit gekündigt hat, sind sie traurig. Aber sie verstehen seine Begründung.

Vom Rat der Stadt war Timo zum Wahlsekretär ernannt worden, ohne nach seiner Zustimmung gefragt zu werden. Es sei ein Parteiauftrag, so die

Weisung. Bis zur Volkswahl hatte er Menschen davon überzeugen sollen, zur Wahl zu gehen und entsprechend zu stimmen. Während der ersten Schulung war sein Kündigungswunsch ausgelöst worden.

Timo sucht eine neue Herausforderung in einem wieder kommunikativen und abwechslungsreichen Job. Er weiß, dass das Kombinat Musikinstrumente Plauen dringend einen erfahrenen Mitarbeiter für eine Außenstelle in Leipzig sucht. Sie soll die Vorbereitungen und Liquidationen für das Kombinat während der jährlichen zwei Messen in internationalem Maßstab koordinieren. Timo zeigt sich interessiert. Gern kehrt er zum Messegeschäft zurück.

Im Messehaus Petershof richtet ihm die Kombinatsleitung ein Büro ein. Auf einer seiner monatlichen Dienstfahrten wird Timo im Zug von zwei uniformierten Transportpolizisten kontrolliert. Er passt ihnen ideal ins Profil. Weil er jung ist, allein reist und nur eine Aktentasche bei sich hat, wird ihm unterstellt, illegal die Republik verlassen zu wollen. Timo kennt die Dienstvorschrift der Transportpolizisten, die sie gerade verletzen.

Amüsiert und lächelnd sagt er: „Da ich nicht ins Sperrgebiet fahre, muss ich mich Ihnen gegenüber nicht rechtfertigen. Ich bin ein pflichtbewusster DDR-Bürger.“ Verärgert und grußlos verlassen die beiden Uniformierten sein Zugabteil. Sein Generaldirektor empfängt ihn schmunzelnd und sagt: „Ich habe das Problem natürlich schon geklärt. Warum hast Du Dich nicht einfach mit Deinem Dienstausweis ausgewiesen? Bitte provoziere die Genossen nicht wieder, sie waren noch unerfahren.“ Er verspricht es ihm lächelnd.

1988 stellt Timo selbstbewusst den zweiten besuchsweisen Ausreiseantrag. Er möchte endlich auch Westberlin kennenlernen. Seit vier Jahren korrespondiert er mit seiner Brieffreundin Heidi, die acht Kinder adoptiert hat. Ihr Mann Detlef ist Polizist. Im September 1988 bekommt Timo die notwendige Zustimmung von seinem Arbeitgeber. Der Kaderleiter schreibt an das Pass- und Meldewesen: „Er beabsichtigt im Zeitraum vom 11.11.1987 – 02.11.1987 anlässlich des 70. Geburtstags seiner Großmutter zu fahren. Betrieblicherseits bestehen keine Einwände gegen diese Reise.“

In dieses Schreiben hat sich ein Fehler eingeschlichen. Abgesehen davon, dass denn Timo hat keine Westverwandtschaft. Eigentlich sollte es sich um die Tante von Roswitha handeln. Wieder muss Timo zur Meldestelle. Ein Verhör bleibt ihm dieses Mal erspart. Timo wird lediglich mitgeteilt, dass er einen Tag vor seiner Abreise in der Meldestelle erscheinen soll. Als er zum vereinbarten

Termin erscheint, erhält er seinen Pass ohne Rückfragen. Ein Mitarbeiter der Meldestelle wünscht ihm eine angenehme Reise.

Wieder erhält Timo bei der Staatsbank 15 DM und fährt für 16,20 DDR-Mark mit der Deutschen Reichsbahn nach Berlin. In Berlin passiert er den Grenzübergang Friedrichstraße, der im Volksmund „Tränenpalast" genannt wird, und fährt mit der U-Bahn nach Westberlin. Dann steht er allein auf einem düsteren und schmutzigen Untergrundbahnhof. Ein Bettler bemitleidet ihn, weil er aus dem Osten kommt. Dann begrüßen ihn seine Freunde herzlich.

Heidi und Detlef überraschen ihn im Gästezimmer mit einer Karte: „Wir wünschen Dir viel Spaß in dieser, unserer Stadt und in dieser Chaoten-Familie." Sie schenken ihm 100 DM als persönliches Begrüßungsgeld. Weitere 100 DM erhält er in einem Westberliner Rathaus. Der Beamte erklärt ihm freundlich: „Sie wissen sicherlich, dass Sie sofort die deutsche Staatsbürgerschaft erhalten, natürlich auch eine Eingliederungshilfe, wenn Sie nicht mehr in die DDR zurück möchten."

Die Überraschung ist Timo anzusehen, in der BRD wurde ihm das nicht angeboten. Beruhigend fügt der Beamte hinzu: „Sie müssen sich natürlich nicht sofort entscheiden. Sie können es sich bis zu

Ihrem letzten Aufenthaltstag und in aller Ruhe, auch mit Ihren Freunden, überlegen.“

Timos Freunde verwundern die Worte des Beamten nicht und sie beruhigen ihren Gast: „Es ist ganz allein deine eigene Entscheidung, ob du zurückfährst oder nicht. Natürlich unterstützen wir dich in jeder Beziehung.“

Endlich betrachtet Timo das Brandenburger Tor und die Mauer von der anderen Seite. Seine Brieffreundin meint aufmunternd: „Du darfst bei uns natürlich richtig bis an die Mauer gehen, sie anfassen und kannst auch etwas draufschreiben, wenn du das möchtest.“ Timo möchte das nicht. Er ist erschüttert über die vielen Kränze und Gedenktafeln, zu Ehren seiner ehemaligen Mitbürger, die einfach nur frei sein wollten. Nachdenklich erwidert seine Brieffreundin: „Du bist der Einzige von allen Ostdeutschen, mit denen wir hier waren, der das nicht will.“ Timo antwortet: „Ich möchte die Mauer weghaben.“ Sie sagt traurig: „Das wollen wir natürlich auch, wie du weißt. Wir mussten leider hilflos zusehen, wie sie erbaut wurde.“

Timo durchstreift mit seinem Freifahrtschein für alle öffentlichen Verkehrsmittel Westberlin, auch allein. Es gefällt ihm, auf dem Kurfürstendamm zu flanieren und das teure Kaufhaus des Westens

(KDW) zu bestaunen. Der Reichstag, damals ein Museum, rührt und beeindruckt Timo sehr. Im November 1988 schreibt er an seine Familie auf einer Ansichtskarte: „Ganz liebe Grüße aus dem westlichen Berlin. Es gibt sehr viel zu sehen und zu erleben, auch Westberlin ist schön und groß. Schade, dass Ihr nicht auch hier sein könnt. Ich werde Euch aber viel erzählen. Alle hier hoffen wie ich, dass wir uns alle einmal hier treffen werden."

Wieder fährt Timo in die DDR zurück, weil er sie verbessern will, und er weiß, er möchte das nicht allein. Er liebt seine Familie, die ihn braucht. Er schützt sie mit seiner Rückkehr vor Willkür und Gewalt. Roswitha würde ihren Job verlieren und seine Kinder ihre frohe Zukunft, würde er nicht zurückkehren. Es wäre zu einfach für ihn, im „Westen" zu bleiben und der Familie Pakete und Geld zu senden.

Die Mauer fällt

Das SED-Statut sieht einen Austritt aus der Partei nicht vor. Timo entscheidet, nach seinem Aufenthalt in Westberlin, die SED aus persönlichen Konsequenzen zu verlassen. Er ist nicht der Erste – und es werden immer mehr. Jeder riskiert damit seinen Job. Sein Generaldirektor ist verständnisvoll. Timo gibt aus Überzeugung, mit der er vor vielen Jahren eingetreten ist, und ohne Folgen, sein Parteibuch zurück.

Die SED-Führung befindet sich in einer tiefen Krise, aus der sie sich nur in einem Dialog mit dem Volk, oder aber mit Gewalt wie 1953, retten kann. Nicht nur Leipziger entscheiden sich für eine friedliche Revolution. Die Mauer fällt. Brieffreunde gratulieren Timo: „Herzliche Glückwünsche an Euch, die Ihr noch in der DDR seid und den Jubel der offenen Grenzen heute, am 9.11.89, dort empfinden könnt. Möge es der erste Schritt sein. Wir fühlen mit Euch. Elke und Familie aus Hameln."

Timo ist beeindruckt, aber nicht euphorisch. Skeptisch nimmt er wahr, wie die Wiedervereinigung zum „Anschluss" wird. Davon abgesehen ist er aber froh, dass sein Land wieder vereint ist und baulich vernachlässigte Städte neu erblühen werden, so wie die Nationalhymne der DDR – „Auferstanden aus Ruinen“ – es 40 Jahre zuvor versprochen hatte.

Timo denkt an das Lied von Udo Jürgens „Die riesengroße Gier“. Er erlebt, wie die Industrie seines Landes aus Konkurrenzgebaren und vielleicht auch Siegermentalität heraus zerstört wird. Und er nimmt wahr, dass dadurch ostdeutsche Gehälter und Renten Jahrzehnte lang nicht dem Westtarif angepasst werden und westdeutsche Neider meinen, die Ostdeutschen hätten ja nie in die Kasse eingezahlt.

Timo hat viele Jahre für die Möbel-, Schmuck-, und Musikinstrumenten-Industrie gearbeitet, er kennt ihre Schwächen und Stärken. Auch funktionsfähige Betriebe wurden durch die Treuhand abgewickelt. Der Anschluss an die BRD kommt aus Timos Sicht zu früh. Zu Kompromissen ist die BRD-Führung nicht bereit. Alle Errungenschaften der DDR-Bevölkerung werden zerschmettert.

Im geeinten Deutschland gewinnen Timo und seine Familie Freiheiten und neue Möglichkeiten. Timo hat viele Staatsmänner erlebt: Ulbricht, Stoph, Honecker, Krenz, Gerlach und Kohl. In der DDR war gewiss nicht alles richtig, aber auch und nicht alles schlecht. Timo erinnert sich: Mit 18 bekam er seinen Motorrad-Führerschein. Wie viele Jungs seines Alters. Erwarb er ihn recht unkompliziert bei der Gesellschaft für Sport und

Technik (GST), einer vormilitärischen Massenorganisation.

Er träumte von einer Schwalbe, aber hatte dafür nicht das Geld. So meldete er sich mit 25 Jahren für einen Skoda-Autokauf an, in der Hoffnung, während der Wartezeit von mindestens 10 Jahren, das Geld dafür sparen zu können. Mit 26 Jahren zahlte er für seinen Autoführerschein 140,80 Mark, mit 38 fuhr er das erste Auto, weil die Mauer fiel. Zeitgleich lernte er in seinem neuen Job, jeden Autotyp zu fahren.

In einer Welt von Problemen und Konflikten, denkt Timo, gibt es immer eine Insel, auf der man sich glücklich fühlt, eben die Familie, der Partner, die gemeinsamen Unternehmungen und Erlebnisse. Auf diese Insel zieht sich Timo gern zurück und sammelt dort neue Kraft.

Nach dem Mauerfall besuchen Timo und seine Familie, nun ohne Visum und Angst vor der Staatssicherheit, Westdeutschland, Luxemburg, Liechtenstein, Schweden und Frankreich. Überall treffen sie Brieffreunde. Sie fliegen auch wieder nach Bulgarien, doch dieses Mal unternehmen sie von Warna aus einen ereignisreichen Autoausflug nach Istanbul. Auch der schon lange gehegte Wunsch, Bananen- und Apfelsinenplantagen zu bewundern, erfüllt sich: auf Teneriffa, in Puerto de la Cruz.

„Mein Herbst 89 – Zeitzeugen berichten“

„Was haben Sie damals ganz persönlich erlebt, in Ihrer Heimatstadt, in Ihrer Region? Erzählen Sie uns Ihre Geschichte!“ Diesem Aufruf einer Tageszeitung folgt Timo 2008. Sein Beitrag erscheint, u.a. mit dem Beitrag vom Leipziger Pfarrer Christian Führer im Buch „Mein Herbst 89“, einer der bekannten Persönlichkeiten der friedlichen Revolution.

Herausgegeben wird das Buch von Andreas H. Apelt im Auftrag der „Deutschen Gesellschaft“ e.V., einem Verein zur Förderung politischer, kultureller und sozialer Beziehungen in Europa, sowie der Bundesstiftung zur Aufarbeitung der SED-Diktatur. Timo darf sich frei äußern. Er schreibt über seine Gedanken, Ängste und Hoffnungen, die er in seinem Werbebüro im traditionsreichen alten Messehaus Petershof mit anderen Werbeleitern und Freunden diskutiert hat. Viele empfanden, dass es so nicht weitergehen konnte. Eine Demokratisierung war unausweichlich. Die Planwirtschaft konnte die Produktivität nicht mehr erhöhen. Industrieprodukte wurden oft unter denen des Weltmarktes verkauft. Die wirtschaftliche Leistungsfähigkeit hatte ihre Grenze erreicht.

Eine Modernisierung der Betriebe, die oft noch mit sehr alten Maschinen produzierten, war allein schon aus Kostengründen nicht möglich. Die Wirtschaftsprobleme vergrößerten sich zusehends. Häuser, Straßen, Flüsse wurden vernachlässigt. Der westdeutsche Lebensstandard galt den Menschen in der DDR als Maßstab. Dem Staat aber fehlten Devisen. Um sie zu beschaffen, waren ihm viele Mittel recht: So überließ er der BRD politische Gefangene für die entsprechende Summe. Aber auch alte Pflastersteine und Straßenlaternen wurden entfernt und in den Westen verkauft. Timo schreibt, dass er im Herbst 1989 einerseits nicht geglaubt habe, dass man ein ganzes Volk, das friedlich demonstriert, einfach einsperren könne. Andererseits habe er sich aber auch an Erzählungen erinnert, die er über die Aufstände am 17. Juni 1953 in der DDR und später in Ungarn und in der CSSR gehört hatte, Aufstände, die blutig geendet hatten.

Als dann bei den Demonstrationen plötzlich auch die Rufe „Deutschland, einig Vaterland" ertönten und Deutschlandfahnen geschwenkt wurden, erinnert sich Timo, sei ihm deutlich geworden, dass die Wünsche auf Reformen plötzlich auf eine Wiedervereinigung beider deutschen Staaten hinauslaufen. Er habe damals nicht gewusst, ob die Weltmächte einem wieder so erstarkten, großen Deutschland zustimmen werden.

Timo schreibt, wie er den Mauerfall im Fernsehen mit Vereinsfreunden erlebt hat. Und wie er zwei Tage danach wieder, aber dieses Mal mit seinen Kindern, in Westberlin gewesen sei.

Zwei Jahrzehnte später beteiligt sich Timo an einer Buch-Fortsetzung: „Aufbrüche und Umbrüche – 20 Jahre deutsche Einheit – Zeitzeugen ziehen Bilanz". Sein Beitrag trägt die Überschrift: „Manchmal fühle ich mich wie im Film." Es sind 20 ereignisreiche Jahre gewesen. Zu diesem Zeitpunkt lebt Timo schon in einer hessischen Stadt. Er berichtet von der ersten Bambi-Verleihung in Leipzig, wo er im Interhotel Merkur viele Stars getroffen hat. Er beschreibt, wie ein Kasseler Unternehmer ihm aus Freude über die Wiedervereinigung einen Computer schenkte. Er erwähnt seine erste Amerika-Reise und dass er die Freiheitsstatue in New York sah, was nur durch die Wiedervereinigung möglich geworden war. Auch den Schulanfang seiner ersten Enkelin und seinen Arbeitsbeginn in Hessen schildert er.

Auf Grundlage seiner Buchbeiträge wird Timo eingeladen, dem Zeitzeugenbüro beizutreten, einer gemeinsamen Servicestelle der Gedenkstätte Berlin-Hohenschönhausen, der Bundesstiftung Aufarbeitung und der Stiftung Berliner Mauer. Diese Initiative wird von der Beauftragten der Bundesregierung für Kultur und Medien gefördert. Auf einer Internetseite „Zeitzeugenbüro" kann Timo, als einer von über 300 Zeitzeugen, gebucht werden. Gern möchte er über seine Erfahrungen und Erinnerungen berichten und darüber mit jungen Menschen diskutieren. Und tatsächlich erhält Timo in den folgenden Jahren mehrere Anfragen.

Die erste Begegnung mit Udo Jürgens

Am 1. Januar 1990 wird Timo Portier und Wagenmeister, kurz darauf Concicrgc im Intcrhotel Merkur Leipzig. Das weithin sichtbare Gebäude mit seinen 500 Zimmern ist jeden Tag ausgebucht. Der Direktor und seine Mitarbeiter sind ein Team. An spektakulären Mitarbeiterveranstaltungen nehmen immer auch die Ehepartner teil.

Zur ersten Leipziger Bambi-Verleihung wohnen die meisten Prominenten im Hotel Merkur. Timo begleitet den legendären Orient-Express und bringt das Gepäck zum Hotel. Dann wird das Hotel verpachtet. Die Bildzeitung fotografiert den erfahrenen und beliebten Direktor, der nun gehen muss, vor dem Hotel. Im Hintergrund des Bildes ist Timo zu sehen. Fortan gehört das Hotel zur „Interconti“-Kette. Ostdeutsche werden als unerfahren behandelt. Alle erhalten Schulungen und ihre Englischkenntnisse werden geprüft.

Timo zählt nach einer Englischprüfung zu den Fortgeschrittenen. Er lächelt darüber, hat er sich diese Sprache doch selbst beigebracht. Das erste Leipziger Spielkasino zieht ein und die erste Leipziger Misswahl findet statt. Das Arbeitsklima wird kühl. Die Mitarbeiterzahl schmilzt und Veranstaltungen für das Personal werden eingespart.

Timo kündigt. Er hat sich längst umgesehen. Die Neueröffnung eines mittelständischen und familiengeführten Hotels reizt ihn mehr. Es liegt im Leipziger Westen im Stadtteil Leutzsch am Auenwald und verfügt über 170 geräumige Zimmer sowie ein Restaurant. Bis zur Innenstadt ist es nicht weit, aber auch die Leipziger Messe lässt sich, wenigstens für Motorisierte, gut erreichen. Das Besondere aber: Das Hotel namens Lindner ist auf Geschäftsreisende spezialisiert.

Während der Damen-Tennisturniere WTA, welche oft in Leipzig ausgetragen werden, wohnen Steffi Graf und andere internationale Tennisstars hier. Timo lernt viele Prominente persönlich kennen, wie z.B. Kurt Masur, den Gewandhauskapellmeister. Aber auch Udo Jürgens begegnet er hier. An den bekannten Sänger, dessen Lieder ihn schon lange begleiten, erinnert sich Timo noch lebendig.

Im Frühstücksrestaurant sitzt eine unglaublich aufgeregte junge Frau. Servicemitarbeiter teilen Timo mit, dass sie auf Udo Jürgens wartet. Timo erwartet ebenfalls auf den Sänger – allerdings aus beruflichen Gründen. Dann kommt der Anruf. Udo Jürgens wünscht einen Gepäckservice. Timo beeilt sich. Aufgeregt wartet er ca. 15 Minuten vor der Suite. Endlich, es wird einer der wichtigsten Augenblicke seines Lebens, Udo Jürgens öffnet die Tür und steht ihm lächelnd gegenüber. „Guten Morgen, Herr Jürgens. Ich hoffe, Sie hatten eine angenehme Nacht. Gestern Abend war ich auf Ihrem Konzert, es war wieder großartig.“ Udo antwortet ihm erfreut: „Guten Morgen. Ja, alles ist gut. Ich danke Ihnen und freue mich sehr, dass Ihnen mein Konzert gefallen hat.“ Natürlich signiert der Sänger Timo gern die CDs „Geradeaus“ und „Café Größenwahn“. Bei seiner Abreise hinterlässt er Freikarten.

Am nächsten Abend sitzen Timo und Roswitha zum zweiten Mal in einem Konzert von Udo Jürgens. Dieses Mal in der ersten Reihe, und zu Beginn winkt ihnen der Sänger lächelnd zu.

Paris

Die Lieder von Udo Jürgens „Paris, einfach so nur zum Spaß" und Mireille Mathieus „Hinter den Kulissen von Paris" inspirieren viele Ostdeutsche dazu, Paris kennenzulernen, die französische Hauptstadt, die Besucher aus aller Welt fast schon mystisch anzieht. Timo und Roswitha ebenfalls. Auch sie haben das Bedürfnis nach einer Auszeit vom stressigen Alltag in Ostdeutschland, wo sich das Leben seit dem Mauerfall grundsätzlich verändert hat.

Die Stadt Paris steht für die Sehnsucht nach Entspannung, das gilt für Verliebte und Ehepaare zugleich. Obwohl das Paar noch nie in Paris war, hat es eine klare Vorstellung von der Stadt, eben durch Brieffreunde, Romane und Filme. Westdeutsche Busunternehmen erkennen sofort diese Sehnsucht der Ostdeutschen in Richtung Paris. Mit einem Reisebüro aus Bayreuth buchen Timo und Roswitha eine 4-Tage Busreise nach Paris. Es ist erforderlich, vor der angekündigten Währungsreform, in DM zu bezahlen. Glücklicherweise hat das Paar durch ihre Jobs in dem Valutahotel entsprechende Mittel sparen können.

Die Stimmung im Bus, der sie in die Stadt der Liebe fährt, ist euphorisch. Für die meisten Reisenden ist es die erste Westreise. Ein freundlicher,

Busfahrer sorgt für Würstchen, Kaffee und akzeptiert sogar die DDR-Mark. Der Bus ist klimatisiert. Auf ihren Sitzplätzen verbringen sie sogar die erste Nacht. Am Morgen ist Paris in Sicht und die Stimmung im Bus hat ihren Höhepunkt erreicht. Der erfahrene Fahrer drosselt das Tempo. Es werden Fotos aus dem fahrenden Bus heraus geknipst, vor allem als er am Eiffelturm vorbeifährt.

Für eine Nacht wohnt das Paar im Grand Hotel Turgot. Das Personal hat sich auf die vielen Ostdeutschen eingestellt, es ist freundlich und hilfsbereit. Das Paar schlendert die kleinen Straßen von Paris entlang. Es hat kein Ziel und erfreut sich an Märkten, versteckten Plätzen, Straßenmusikern und Malern. Dic unterschiedlichen Kulturen sorgen für eine kulturelle Vielfalt. Es locken gastronomische Einrichtungen mit vielen kulinarischen Überraschungen. Dafür jedoch hat das Paar nicht die notwendige Währung. Aber es ist glücklich, in Paris zu sein, genießt den Sonnenschein und die Stadtrundfahrt.

Für 8 France je Person gönnt es sich einen Blick vom Eiffelturm, sieht Mouliné Rouge und kauft sich zum Andenken selbst einen kleinen Eiffelturm. Am Abend bummelt es, wie Udo Jürgens, am Montparnasse. Das Taschengeld reicht für zwei Baguettes im Supermarkt und zwei Tassen

Kaffee auf dem Freisitz eines kleinen, gemütlichen Eck-Cafés. Bald laufen sie zurück zu ihrem Bus.

Auf der Rückfahrt schlafen sie wieder auf ihren Sitzplätzen, beeindruckt und glücklich. Ihre erste gemeinsame Reise nach Paris bestärkt ihre 27-jährige Liebe und reizt, andere Länder und Kulturen kennenzulernen.

London sucht Zeitzeugen

1994 wendet sich die Journalistin Lisa Jones an die Leipziger Bürger. In der „Leipziger Volkszeitung“ bittet sie darum, ihr bei der Produktion einer 27-teiligen TV-Sendung zu helfen. „On the 20th Century“ – die Geschichte des 20. Jahrhunderts – heißt das Epos.

Gedreht wird in verschiedenen Staaten der Welt. Zum einen sucht Lisa Jones Leipziger, die 1989 in der Prager Botschaft dabei waren, als Hans-Dietrich Genscher die historische Ausreise von DDR-Bürgern in die BRD bekannt gegeben hatte. Zum anderen sucht sie eine Familie, die am VI. Turn- und Sportfest der DDR beteiligt war. Roswitha zeigt die Annonce Timo. Er schreibt an Lisa Jones und bietet ihr private Dias und Fotos von dem Ereignis an. Zugleich weist er die Journalistin darauf hin, dass nicht nur die Ausreisewilligen von Prag, sondern auch die Demonstranten in Leipzig und anderen Städten die politische Wende bewirkt haben. Die Darstellung der Geschichte, schreibt Timo, erfordere es, diese vielfältigen Aspekte zu berücksichtigen, und er umreißt seinen eigenen beruflichen und politischen Werdegang.

Drei Tage später erreicht ihn ein netter Anruf von Lisa Jones. Sie hält sich gerade in Berlin auf. Der Brief war ihr aus London zugefaxt worden.

Sie bittet Timo um ein Interview. Lange telefonieren sie. Die Journalistin beeindruckt die Lebensgeschichte ihres Zeitzeugen, der sich in zwei deutschen Staaten behauptet hat.

Timo ist erstaunt, dass er ein Teil dieses Epos wird. Zum ersten Mal gibt er Einblicke in seine streng geheime ZBK-Zeit. Es ist ihm ein Bedürfnis und er ist sich darüber bewusst, dass nicht alle Menschen verstehen werden, dass und warum er ein Ermittler war. 12 Tage später soll ein zweites Interview stattfinden, mit John, dem netten Chef von Lisa Jones. Ein Drehtermin in drei Wochen wird vereinbart. Timo wird gebeten, in den Filmszenen sein politisches Denken und seine Eindrücke am 7. Oktober 1989, die Erlebnisse bei den friedlichen Demonstrationen auf dem Leipziger Stadtring und seine Dienstzeit im ZBK darzustellen.

Zu Beginn der Dreharbeiten soll Timo ein Pionierlied singen. Die Melodie kennt er, und seine Tochter hilft ihm, den Text wiederzufinden. Eine Woche später ruft Lisa Jones wieder an. Der Aufnahmetermin verzögere sich. Das Team benötige erst eine Drehgenehmigung von der Deutschen Bundesbahn in einem Reisezug. Einen Monat nach seiner Zuschrift trifft sich Timo mit Lisa Jones‘ 4-köpfigem Team zu den ersten Drehaufnahmen. Sie beginnen an einem Sonntag auf dem

Querbahnsteig des Leipziger Hauptbahnhofs. In einem Zugabteil der 1. Klasse werden sie fortgeführt. Kurz vor Dresden enden sie.

Das Konzept hat sich inzwischen verändert. Zunächst singt Timo „Die Internationale“, so wie andere Ostdeutsche auch, die in dem Film mitwirken, beispielsweise eine Hausfrau aus Mecklenburg und ein ehemaliger politischer Häftling in Zwickau. Dann wird Timo zum Ablauf der konspirativen Beobachtung und Befragung beim ZBK interviewt. Er ist nur ein Baustein in einem festgelegten Konzept. In Dresden werden er und das BBC-Team von einem Kleinbus erwartet. Ein Essen, in einer lustigen Runde, beendet den Drehtag. Timo übergibt auf Wunsch von Lisa Jones leihweise private Fotos aus den 80er Jahren, darüber hinaus Schallplatten und andere DDR-Andenken. Er besucht den Striezelmarkt und fährt in der 1. Klasse gratis nach Leipzig zurück.

Zu Beginn des neuen Jahres meldet sich Lisa Jones wieder: „Ich schreibe, um mehrmals vielen Dank zu sagen. Wir waren alle sehr begeistert von Ihrem Interview. Sie haben alles sehr deutlich und lebhaft erzählt und es war ganz interessant, ihre außergewöhnlichen Geschichten zu hören. Wir haben noch eine Bitte, könnten Sie uns ein Foto von Ihrer Frau während der 80er Jahren schicken. Sie haben uns die Rolle der Frau in Ihrer Geschichte anschaulich erzählt und deshalb möchten wir gern ein Foto dazu. Wir werden es schnell zurücksenden.

[...] Nochmals vielen Dank."

Das Epos „On the 20th Century" hat am 16. Februar 1997 in der BBC-Premiere. Ein Jahr später schreibt Timos Brieffreund aus Neuseeland: „Im BBC-Programm, von dem Du mir erzählt hast, habe ich den Teil über den Fall des Kommunismus in Ost-Europa gesehen. Ich war tief erschrocken zu sehen, dass Du ein Spion für die Stasi warst. In meinem Land, das immer frei geblieben ist, ist ein solches Doppelleben kaum zu verstehen. Mir ist bekannt, dass Du keine Chance hattest, eine freie Wahl zu treffen."

Timo schreibt ihm, wie schwierig es für ihn war, zu entfliehen, lange vor dem Ende der DDR. Trotzdem bricht sein neuseeländischer Freund den Kontakt zu Timo ab.

Die zweite Begegnung mit Udo Jürgens

Nachdem weitere Luxushotels in der City aus dem Boden schießen, bleiben in dem familiären Hotel in Leipzig-Leutzsch die VIPs weg und die Belegung sinkt. Es wird am Personal gespart und erneut verändert sich die Arbeitsatmosphäre. Wieder kündigt Timo. Er würde gern wieder in der City arbeiten und bewirbt sich in einem neuen, 1996 eröffnenden 5-Sterne-Luxushotel. In einem solchen hat Timo seine zweite Begegnung mit Udo Jürgens.

Am Vormittag erhält er den kurzfristigen Auftrag, für den Sänger in Markleeberg eine Massageliege auszuleihen. Die Zeit ist knapp und Timo fährt mit überhöhter Geschwindigkeit durch eine 30 km/h-Zone, wofür er einen Bußgeldbescheid erhält. Im Foyer des Hotels trifft Timo allein auf sein Idol. Er fragt ihn, ob er ihm den einzigartigen Serpentin-Saal des Hotels zeigen darf. Udo Jürgens antwortet: „Gern. Niemand hat mir zuvor davon erzählt."

Der Sänger ist beeindruckt. Er vergleicht den historischen Saal mit dem wie vom Erdboden verschluckten Bernsteinzimmer. Sie unterhalten sich über seinen nächsten Auftritt. Dann verlässt Udo das Hotel. Timo, einer seiner vielen Fans, ist glücklich. Acht Konzerte hat er mit ihm erlebt. Einige Jahre ist er Mitglied eines UJ-Fanclubs.

Die Arbeit im Hotel führt erneut zu Konflikten. Bei einer sommerlich heißen Piraten-Personalveranstaltung rund um den Auensee verbietet die Personalchefin dem Personal die Getränkeausgabe und den privaten Kauf von Getränken an einem Kiosk. Die Hausdame und Timo äußern dagegen gesundheitliche Bedenken. Am folgenden Tag ist die Abteilungsleiterin verschwunden und ihre Stelle wird neu besetzt. Timo hat Urlaub. Nach seiner Rückkehr wird er zu einem Gespräch gerufen und aus strukturellen Gründen sofort suspendiert. Er hält die Entlassung für Willkür und unterschreibt den Aufhebungsvertrag nicht. Sofort muss er seinen Spind beräumen und ihm wird untersagt, sich von seinen Mitarbeitern zu verabschieden. Udo Jürgens Song „Gefeuert“ kommt ihm in den Sinn. Während er auf der Autobahn zu einem neuen Vorstellungsgespräch fährt, ertönt das Lied: „Wer nie verliert, hat den Sieg nicht verdient.“

Es kommt zu einer gerichtlichen Auseinandersetzung wegen der letzten Kündigung. Ein westdeutscher Richter eröffnet die Verhandlung mit den Worten: „Der Sachverhalt ist eindeutig, das Recht liegt beim Arbeitgeber.“ Der ostdeutsche Verteidiger hat keine Chance. Zugleich darf Timo nicht selbst das Wort ergreifen. Timo wird gedrängt, einem Aufhebungsvertrag mit Abfindung zuzustimmen. Die Personalchefin und ihr Anwalt grinsen ihn nach der Verhandlung hämisch an, er lächelt zurück. Sie ahnen nicht, dass Timo bald einen neuen und besser bezahlten Arbeitsvertrag unterzeichnen wird.

Mit Roswitha hat Timo einen Neuanfang beschlossen. Dieser ist leichter, weil die Kinder inzwischen selbständig sind. Die Tochter hat schon eine eigene Wohnung bezogen und geheiratet, Timos Sohn nach dem Ende seiner Lehrausbildung einen ersten Hausstand gegründet. Das Paar findet sich wieder im Text von „Liebe ohne Leiden“, gesungen von Jenny und Udo Jürgens. Timo wechselt seinen Lebensmittelpunkt. 10 Jahre nach dem Mauerfall zieht er in Richtung Westdeutschland und findet Anstellung in einem privaten 5-Sterne-Superior-Luxushotel. Der Inhaber ist der Gründer einer in Deutschland, Österreich und der Schweiz tätigen, bekannten und expandierenden Finanzvertriebsgesellschaft. Timo wird ein möbliertes und bezahlbares Apartment zur Verfügung gestellt.

Das Hotel verfügt über 80 Zimmer, Suiten, unterschiedliche Restaurants und Bars, ein Wellness-Areal sowie einen Tagungsbereich für bis zu 200 Teilnehmern. Auf der gesamten Anlage ist die

Rose ein immer wiederkehrendes Motiv und oft zu finden. Wohlhabende Menschen verbringen hier in Residenzwohnungen ihren Lebensabend und werden exklusiv betreut. Viele werden über 90 Jahre alt und erzählen Timo ihre Lebensgeschichten. „Aber bitte mit Sahne“, singt Udo Jürgens, genau das spiegelt sich in diesem Luxushotel wider.

Ein Traum wird wahr

Nach 30 Jahren Wartezeit erhält Timo einen Brief von der Redaktion der „Jungen Welt“: „Sagt Ihnen das Motto ‚Träume ins Jahr 2000‘ etwas? Die 500 Gewinner erhielten damals eine Einladung zu einem großen, festlichen Bankett der sozialistischen Tageszeitung ‚Junge Welt‘. Wir halten unser vor 30 Jahren gegebenes Versprechen. Das Bankett findet statt. Wir hoffen, gemeinsam mit Ihnen.“

Das Hotel und die Anreisekosten werden den Preisträgern erstattet. Der Hoteldirektor ist davon beeindruckt und gibt Timo, innerhalb der Probezeit, vier Tage frei. Mit Roswitha fährt Timo nach Berlin. Dic Mikrofontcchnik ist veraltet. Entsprechend schwierig lassen sich die Ansprachen verstehen. Ein riesiges Büfett erwartet die Gäste. Die Redakteure kümmern sich ausschließlich um Prominente. Diese stehen im Mittelpunkt des Banketts. Timo begegnet unter den VIPs verhängnisvollen und zugleich tragischen Personen wie Egon Krenz und Karl Eduard von Schnitzler. Beide sind ihm unbeliebt. Den „Schwarzen Kanal“ hat er sich nie angeschaut. Er ignoriert die zwei Personen und sieht eher mit Unbehagen, wie sie sich feiern lassen.

Lieber unterhält sich Timo mit volksnahen Menschen. Gustav Adolf Schur wird im Volksmund „Täve“ genannt. Viele Gäste umschwärmen ihn. Eine Reporterin vom SFB spricht Timo an: „Schön, dass ich Sie doch noch gefunden habe. Sie sind der Einzige der 500 Preisträger, der 1970 schon gesellschaftlich in die Zukunft gedacht hat. Warum haben Sie die deutsche Einheit prophezeit und was prophezeien Sie für 2030?“ Timo antwortet: „Ich bin in einem geteilten Land geboren und konnte mir nicht vorstellen, dass ich immer nur ein Deutscher zweiter Klasse bin. Was in 30 Jahren sein wird, weiß ich nicht. Ich hoffe, weil das für meine Kinder das Wichtigste ist, dass der Frieden erhalten bleibt.“ Ein Feuerwerk beendet die Show.

Zu den interessantesten Gewinnern zählt auch Katarina Witt, die im März 1988 erklärt hat, am Bankett teilnehmen zu wollen. Aber sie ist nicht gekommen. Seine Enttäuschung darüber schreibt Timo ihr in einem Brief, allerdings ohne jemals eine Antwort zu erhalten.

New York, New York ...

„Ich war noch niemals in New York“. Dieses Lied von Udo Jürgens ist eines von Timos Liebling-Songs. Es erfüllt sich ein Traum. Das erste Mal fliegen Timo und sein Sohn von Frankfurt/Main nach New York. Sie wohnen in Manhattan, drei Minuten Fußweg zum Times Square. Timos Sohn feiert seinen 30. Geburtstag.

Im Sonnenschein fahren sie zum zerstörten World Trade Center, das eine Gedenkstätte und Großbaustelle ist, dann laufen sie zum Empire

State Building. Im Battery Park weisen ihnen zwei laufende Freiheitsstatuen den Weg zum richtigen, 46 Meter hohen Wahrzeichen, das seit 1886 für Frieden und Hoffnung steht. Ein in Amerika lebender Deutscher hatte Timo in den 80-er Jahren ein Modell der Freiheitsstatue aus New York mitgebracht. Sie war für ihn immer der Ausdruck gewesen für die Hoffnung auf ein wiedervereintes Deutschland. Nun steht Timo vor dem Original. Er hat sich die Statue größer vorgestellt. Sie symbolisiert, was in New York vorgelebt wird: das friedliche Zusammenleben von Menschen vieler Nationen.

Vom White Hall Terminal benutzen Timo und sein Sohn die kostenlose Fähre „Spirit of America". Mit ihr kommen sie zweimal unmittelbar an der Freiheitsstatue vorbei. Von der Aussichtsplattform auf der 69. Etage des „Rockefeller Center" überblicken sie an einem Abend New York. Daraufhin tauchen sie ein in die faszinierende Nacht auf dem Time Square, mit beschwingten Menschen aus vielen Staaten.

Später werden Timo und Roswitha das Musical von Udo Jürgens „Ich war noch niemals in New York" erleben. Dazu fahren sie nach Hamburg. Bevor das Stück am Abend anläuft, bummelt das Paar auf der Reeperbahn. Das Operettenhaus ist ausgebucht. Junge und ältere Fans sind gespannt auf die Vorstellung. Auf dem Deck eines Kreuzfahrtschiffs tummeln sich die unterschiedlichsten Charaktere. Udo Jürgens versucht mit seinen Liedern, Menschen ein Zeichen zu setzen: „Tu alles was guttut“, „Zeig mir den Platz an der Sonne“, „Alles im Griff, auf dem sinkenden Schiff“ und „Griechischer Wein.“ Auf einer Kreuzfahrt nach New York erkennen alle den wahren Sinn des Lebens.

Timo und Roswitha sind glücklich. Es ist ihnen egal, wie erfolgreich sie in den Augen anderer Menschen sind und was diese über sie reden. Liebe, Familie, Freunde, Natur, Hilfsbereitschaft und Spaß erfüllen ihr Dasein. Konsum, Modetrends, Statussymbole, Ballermann, Selfies posten in Facebook & Co. sind für das Paar unwichtig. Sie empfinden nicht den Wunsch nach Anerkennung. Sie leben jetzt, schauen voraus und gehen ihren Träumen nach.

We like Amerika

Udo Jürgens singt über San Francisco. Die eindrucksvollen New-York-Erlebnisse, die Begegnungen und Gespräche mit netten und hilfsbereiten Menschen, verstärken Timos Wunsch, Amerika erneut zu besuchen.

Bei einer eBay-Auktion lernt Timo einen Amerikaner aus Seattle kennen. Steve, so heißt er, freut sich, dass er zwei Kalender aus dem Nachlass seines Vaters nach Deutschland senden darf. Timo erfährt, dass Steve, Oberst der US-Armee, drei Jahre in Darmstadt stationiert war. Ein Jahr später lernen sie sich persönlich kennen. Steve reist mit seiner Frau Resa nach Deutschland. Die beiden Paare besuchen gemeinsam viele ostdeutsche Städte und haben Spaß. In Dresden sagt Steve, vor dem Semperoper stehend, nachdenklich zu Timo: „Sie ist so alt, sie ist so schön, sie steht wieder hier, aber wir haben sie im Krieg zerstört."

Über die Freundschaft, die zwischen den Paaren entsteht, ist die eBay-Leitung begeistert und bittet Timo um ein Fotoshooting für das „eBay-Magazin". Der Gegenbesuch lässt nicht lange auf sich warten. Das Paar fliegt mit dem Sohn über den „Großen Teich" nach Seattle. Steve ist ein Client Solutions Engineer und Resa führt ein Kleinunternehmen. Sie zeigen ihnen ihr Leben in

Amerika. Ein Gewinn für Timos Lebenseinstellung wird die Lebensfreude der Amerikaner. Dem Paar und ihrem Sohn fällt von Anfang an die hilfsbereite Art der Menschen auf. Sie kommen auf ihre Gäste zu, mit einem herzlichen: „You are welcome." Sie interessieren sich, woher jemand kommt und warum. Ein Smalltalk mit Einheimischen ist immer wieder ein Erlebnis und so mancher Amerikaner sagt, dass er seine Wurzeln in Deutschland hat oder das Land besucht hat. Gern geben sie Tipps und empfehlen besuchenswerte Orte. Nicht wenige sind traurig, dass Amerika keine so lange Geschichte aufweisen kann wie Deutschland.

Ein Erlebnis wird der Besuch des „NAVI Pacific Beach". Bis 1971 war es ein ehemaliger Stützpunkt der US-Armee. Die Radar- und U-Bootstation und ihre hohen Radarantennen sind zu sehen. Steve berichtet aus seiner Zeit, in der er im aktiven Dienst war. Er hat für den Besuch ein ehemaliges, komfortables Offiziershaus gemietet, unmittelbar am Pazifischen Ozean. Der Sonnenuntergang, den sie dort gemeinsam am menschenleeren Strand erleben, ist imposant.

Bei einem weiteren Besuch sind Timo und Roswitha wieder in Seattle. Die Route 66 spricht für Amerika. Aber auf dem Highway 101 kommt das Paar dem amerikanischen Traum näher. Sie fahren in 11 Tagen 1100 Meilen entlang am Pazifik, nach San Francisco. Sie fühlen sich himmlisch und paradiesisch. Der kurvenreiche Highway 101 führt zum Wasser und in einer Kurve, im letzten Moment, an der Küste vorbei. Sie genießen legendäre und einsame Strände. Hier fand das Surfen einst seinen Anfang. Die Songs der Beach Boys lockten dazu. Timo liebt die Gruppe, welche in der DDR unerwünscht war. Er ist beeindruckt von phänomenalen Naturbeobachtungen, wie sie am Drehort des Films „Die Vögel" von Alfred Hitchcock zu erleben sind.

Zwischenzeitlich schauen sie sich das Land an. Sie lieben die herzlichen und hilfsbereiten Menschen. Zwei Tage wohnt das Paar im „Lilly Pad", einem 20 Meter hohen Baumhaus. Es sitzt am Stamm einer 150 Jahre alten aromatischen Zeder und weckt Gedanken an den Song: „Mein Baum" von Udo Jürgens. Roswitha bummelt frei, glücklich und in zerrissenen Jeans durch San Francisco und wird angesprochen mit: „Mendocino-Girl". Ihr buntes Sweatshirt trägt diese Aufschrift, das Paar war zuvor gemeinsam dort. Später sind Timo und Roswitha ein weiteres Mal in Amerika. Von New York fliegen sie nach Miami zu einer Rundreise. Sie sind bei der NASA, besuchen Key West, The Walt Disney und The Everglades. Im Folgenden erholen sie sich in Miami-Beach. Danke, Udo

Jürgens, New York und San Francisco sind sehenswert.

Zeiten ändern sich

Das Betriebsklima im Luxushotel ist in den ersten Jahren harmonisch. Die Mitarbeiter kommen aus 17 Nationen. Zwischen den unterschiedlichen Nationalitäten herrscht eine Art Burgfrieden, still wird vereinbart, dass man miteinander auskommt. Sie haben keine Wahl, die Hoteleigentümer wünschen es so. Die Mitarbeiter haben untereinander Glaubensprobleme, die sich in Hass äußern. Es gibt, immer verdeckt, Intrigen und Verleumdungen. Westdeutsche intervenieren gegen Ostdeutsche und jene aus osteuropäischen Ländern. Dieses Verhalten wird vom Führungspersonal, je nach Herkunft, toleriert, unterstützt oder ausgelöst.

Ein vertrauenswürdiges Verhältnis entwickelt sich zwischen Timo und dem Housekeeping-Team. Es besteht vorwiegend aus Russen und Pakistanern, die sich gegen die Hausdamen wehren, die oft wechseln, weil sie von vielen drangsaliert werden. Timos arbeitsrechtliche Kenntnisse werden geschätzt. Aber nur wenige seiner Betriebsratsmitglieder unterstützen ihn. „Griechischer Wein“ singt Udo Jürgens und Timo erlebt, wie sich viele der ausländischen Hotel-Mitarbeiter fühlen. Etliche von ihnen senden Geld an ihre Familien.

Nach 4 Jahren, in denen Timo gependelt ist, folgt Roswitha wieder Timo. Das Paar entschließt sich, Leipzig zu verlassen. Sie siedeln nach Hessen über. In einem alten Zweifamilienhaus, mit Schlossblick, finden sie eine neue Mietwohnung. Timo und Roswitha leben zwischen Rechtsanwälten, Politikern, Ärzten und Professoren. Die meisten Nachbarn grüßen nicht und beschweren sich, sobald ein Zweig aus dem Zaun herausragt. Zu einer Nachbar-Familie aus Bayern knüpfen sie Kontakt. Die Doktorin hat eine Arztpraxis und ihr Mann ist leitender Professor an einer Universitätsklinik.

In ihrem Stadtteil besuchen Timo und Roswitha gern einen kleinen, alten Edeka-Lebensmittel-Eckladen, in der Nähe ihres Hauses. Einen solchen Einkaufsladen besingt Udo Jürgens in seinem Lied „Tante Emma“. In dem Laden gibt es viele Dinge des Lebens. Jeder Kunde wird herzlich bedient. Die Atmosphäre ist persönlich, nicht so anonym wie die nicht weit entfernten Supermärkte. An der Kasse sitzt Erna, ohne einen Tag Urlaub in ihrem Leben. Sie ist älteste Kassiererin im Bundesland Hessen und strebt an, so lange es ihr gesundheitlich möglich ist, dort arbeiten. Die über 80-jährige nette Dame und ihr Supermarkt wird gern besucht. Mit 90 Jahren wird sie von einem Fernsehsender gefilmt, und es erklingt das erwähnte Lied von Udo Jürgens.

Timo und Roswitha pflegen vertraglich den großen Garten am Haus. Über 10 Jahre haben sie Freude mit der grünen Oase. Dann trauen sie, nachdem sie aus dem Urlaub zurückkehren, ihren Augen nicht. Die Regentonne ist demontiert, dass Rosenbeet zerstört. Die Benutzung des Gartens wird ihnen verboten und der Balkon wegen angeblicher Instabilität gesperrt. Kurz darauf steht am Abend unangemeldet ein neuer Hauseigentümer vor der Tür. Er erklärt, dass er die Miete erhöht, und meldet zudem Eigenbedarf an. Timos Rechtsanwalt schüttelt lächelnd den Kopf und bietet dem Paar Rechtsbeistand an. Es entscheidet sich aus gesundheitlichen Gründen gegen einen Rechtsstreit. Udo Jürgens besingt eine ähnliche Situation in seinem Lied: „Ein ehrenwertes Haus."

Das Paar findet nach 10 Jahren, mit Hilfe einer Bekannten, im zentrumsnahen Mietshaus einer Wohnungsgesellschaft eine andere Wohnung. Sie ist groß und grundsaniert. Außerdem gehört zu ihr ein Wintergarten. Auch eine Garage steht zur Verfügung. In ihrem Umfeld hier wohnen herzliche Menschen, mit verschiedenen Jobs und unterschiedlichem Alter. So kann Timo zu Hause auftanken nach den oft anstrengenden Arbeitstagen.

Roswitha ist stark

„Du stehst immer hinter mir“, singt Udo Jürgens in seinem Lied „Solange mich Deine Liebe trägt“. Timo ist dankbar und er weiß, dass er ohne die Hilfe und das Verständnis seiner Roswitha in seinem Leben nicht immer so leistungsfähig geblieben wäre. Er erhält die Möglichkeit, ihr öffentlich Danke zu sagen für ihrer Liebe und Unterstützung. Da das Paar seit 40 Jahren verheiratet ist und einen sympathischen Eindruck macht, lädt sie die „eyeworks Germany GmbH Köln“ ein zu einer Dokumentation über „Liebe und Partnerschaft“. Paare unterschiedlicher Herkunft und Alters sprechen von ihrer Kennenlernphase, den Höhen und Tiefen während der Beziehung sowie über ihre Zukunft. Mit der Vielfalt der Beteiligten wird versucht, in den Sendungen ein möglichst komplexes Bild entstehen zu lassen.

Timo und Roswitha füllen einen Casting-Fragebogen aus. Bald darauf besucht eine Redakteurin die beiden, bevor sie mit einem ganzen Fernsehteam anrollt. Am Drehtag wird das Schlafzimmer zum Studio umgebaut. Die Aufnahmen sind zeitaufwendig und amüsant. Das Paar trägt Schlafkleidung in seinem Ehebett und stößt mit Rotweingläsern an. Das Interview wird romantisch umrahmt mit Fotos und Souvenirs des

Paars sowie mit dem Blick zum Schloss. Unter der Überschrift „In deutschen Betten“ sind Timo und Roswitha im ZDf-neo zu sehen.

Bossing

Timo erlebt in einem hessischen Hotel 10 Direktoren, 10 Empfangschefs, 10 Hausdamen und 8 Chefkochs. Die Fluktuation der Mitarbeiter und Chefs lässt aufhorchen. Eine Doppelbesetzung der Direktion besteht aus einer Dame und einem Herrn. Kurz nach seinem Amtsantritt wird Timo ohne Vorwarnung in die Direktion bestellt, wo seine neue Chefin sitzt. Die Direktorin teilt ihm mit, dass er entweder selbst kündigen kann oder heute gekündigt wird.

Auf seine Frage nach arbeitsrechtlichen Verletzungen antwortet sie: „Die gibt es nicht und es geht auch nicht darum. Sie passen einfach nicht ins Team.“ Lächelnd lehnt er ihre Forderungen ab. Der Direktor versucht, ihm ein angebliches Fehlverhalten zu begründen. Nachdem ihm das nicht gelingt, sagt er hilflos: „Das ist ja eigentlich auch egal.“ Timo antwortet: „Wenn sich Vorgesetzte nicht mehr zu helfen wissen, werden sie erfinderisch“. Mit haltlosen Argumenten wird versucht, Timo das Gefühl zu vermitteln, dass er Fehler macht. Ihm wird unterstellt, dass der Job nicht der Richtige für ihn ist. Der Aufhebungsvertrag sei ein großzügiges Angebot, aber nur, wenn er ihn sofort unterschreiben würde. Timo lehnt ihn ab.

Mit rotem Gesicht erwidert die Direktorin: „Auf diesem Stuhl, wo Sie sitzen, hat jeder vor Ihnen gekündigt und manche haben weinend eingesehen, dass sie hier fehl am Platze sind.“ Timo bleibt ruhig. Aus zwei Rechtsschulungen in Berlin ist ihm bekannt, dass bei einer Kündigung der Arbeitgeber in der Beweispflicht ist. Da Mitarbeiter im deutschen Arbeitsrecht relativ gut geschützt werden, versuchen Chefs, sie mit Unterstellungen zur Eigenkündigung zu drängen.

Nun würde ein Aufhebungsvertrag eine „einvernehmliche Beendigung“ des Arbeitsverhältnisses bilden. Dadurch müssten Kündigungsfristen oder Sonderrechte nicht mehr berücksichtigt werden. Die Kosten sind kalkulierbar und der Mitarbeiter ist rechtssicher „entsorgt“. Nicht gerechnet wird mit Timos Gegenwind, um sich öffentlich zu rechtfertigen. Der Hotelbesitzer strebt keinen Rechtsstreit an, der sein Image gefährdet. Bald darauf ist die Situation für die Direktion nicht mehr haltbar. Sie sehen sich womöglich selbst bedroht. Es wird nach einer Lösung gesucht.

Die Direktorin meint im internen Kreis: „Er wollte einfach nicht einsehen, dass er gehen muss. Dass er gleich mit einem Anwalt kam, damit habe ich natürlich nicht gerechnet.“ Kurz darauf strahlen ihn die Direktoren wieder freundlich an und loben ihn in den höchsten Tönen. Dabei besinnt sich Timo lächelnd an Udo Jürgens Lied: „Dankeschön, für die Blumen." Nach vier Jahren endet diese Ära. Seine Chefin tritt nicht ab und Timos Kampfgeist bleibt wach. Sie legt ihm Steine in den Weg, wo sie nur vermag, und behandelt ihren Unterstellten wie Abschaum. Sie kommandiert und mobbt. Timo hält sie für inkompetent. Sie versteht es, Sachverhalte für sich vorteilhaft darzustellen und verfolgt ihre eigenen Interessen. Nach außen hin ist sie knallhart, im Grunde aber zittert sie vor Widerstand. Nur der Rückenwind von oben hilft ihr. Die Zufriedenheit der Gäste oder gar der ihr Untergebenen sind für sie nebensächlich.

Nach einem erneuten Direktionswechsel weht ein anderer, kräftiger Wind. Endlich wird wieder Wert auf Harmonie und auf die Einhaltung des Hotelstandards gelegt. Timo findet Unterstützung, vertritt seine Ansicht, die immer im Sinne des Hoteleigentümers ist und erntet beim neuen Direktor Respekt. Die Dame wird versetzt. Mit Hilfe des Betriebsratsvorsitzenden verhindert sie ihre Entlassung. Der Direktor kündigt nach 2,5 Jahren. Timos Chef fehlt nun die Rückendeckung und er verlässt das Hotel. Timos Exchefin triumphiert.

Die folgenden Vorgesetzten kommen aus Abteilungen des Hauses und sind umgängliche Kollegen. Dann stirbt der Hotelbesitzer. Kurz nach seinem Tod wird der Gebäudekomplex modernisiert. Im weiteren Verlauf verzichtet das Hotel auf die Fünf-Sterne-Klassifizierung. Ein Chefportier wird nicht mehr gebraucht. Timo entschließt sich, mit 63 Jahren in Pension zu gehen.

Nach 45 Arbeitsjahren

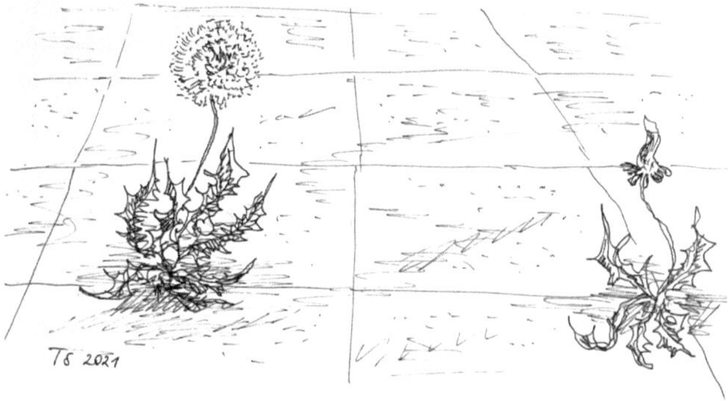

Wie in Udo Jürgens Lied „Auf Wiedersehen und Dankeschön“ endet bei Timo ein 45-jähriger bewegender Lebensabschnitt, für den er auch dankbar ist. Timo hat immer die Menschlichkeit im Vordergrund seiner Arbeit gesehen und er hat dafür Rückendeckung bekommen. Seit dem Tod des Hotelinhabers ist er allerdings mehr und mehr gemobbt worden. Gesundheitlich hat Timo unter dem Kampf gelitten und die Folgen nur durch eine Kur in den Griff bekommen.

Trotzdem erinnert er sich gerne an viele Momente. Es waren abwechslungsreiche Jahre. Im Hotel fanden Hochzeiten, Shows und Veranstaltungen statt. Silvester wurde im Konferenzcenter mit einem gigantischen Feuerwerk gefeiert. Jährlich gab es Personal-Events. Diese fanden in einer liebevoll restaurierten Scheune mit historischem Innenhof, großer Gartenanlage und Sommerterrasse statt. Mehrmals wurde für das Hotelpersonal ein Kino gemietet. Timo ist dankbar für diese fast zwei Jahrzehnte in Westdeutschland, in denen er gelernt hat. Er bereut nichts und würde seinen Weg wieder so gehen.

Ein Höhepunkt am Ende seines Berufslebens wird eine Einladung des Arbeitgebers, anlässlich des 40-jährigen Bestehens. Timo und Roswitha fahren nach Frankfurt/Main zu einem Familientag in die Commerzbank-Arena. Es findet eine große Show-Parade zum Jubiläum mit einer Marching Band, Artisten, Cheerleadern, BMX und verschiedenen Walking Acts statt. Es gibt einen Jahrmarkt-, Fahrgeschäfte und Aktionsmodule. Das gastronomische Angebot ist für alle Besucher kostenfrei. Es wird ein eindrucksvoller Tag, der spät am mit einem Livekonzert von Helene Fischer endet.

Einen herzlichen Abschied bereitet ihm nur das Rezeptionsteam. Zufriedenheit ist Timo wichtig. Er kümmert sich wenig darum, wie ihn andere bewerten. Von seinem Weg lässt er sich nicht abbringen. Er führt sein Leben so, wie es ihm gefällt. Ist das falsch oder egoistisch? „Ich bereue nichts“, hat Udo Jürgens mit 60 Jahren in einem Interview geäußert. Timo empfindet es ähnlich. Er denkt an Lieder seines Idols: „Ich würde es wieder tun“ und „Einmal sind wir alle gleich“.

Den Ruhestand gestalten

Psychologen warnen, dass der Renteneintritt die größte psychische Gefahr sei und die höchste Herausforderung für einen Menschen bedeute. Der Übergang in den Ruhestand kann negative Folgen nach sich ziehen. Ein Verlust der geistigen Leistungsfähigkeit ist möglich, wenn der Verstand nicht mehr regelmäßig gefordert wird. Bei ungesunder Ernährung und Bewegungsmangel drohen Depressionen, Herz-Kreislauf-Erkrankungen oder Diabetes.

Vieles, was war, fällt weg und manches ändert sich. Wer nie Freundschaften aufgebaut hat, versinkt in Einsamkeit. Viele Menschen erkennen im Ruhestand, wie wichtig der Job für sie war. Zudem wird ihnen bewusst, dass ihr letzter Lebensabschnitt angebrochen ist.

Für Timo verändert sich vieles grundlegend. In der Berufstätigkeit war sein täglicher Ablauf geregelt. Er ist wie Roswitha zu Hause. Beide haben mehr Zeit, die sie zusammen verbringen. So lieben sie Brett-, Karten-, Würfel- und andere Spiele. Sie besuchen gerne Konzerte, ihnen gefallen Reisen und sie haben Freude an Spaziergängen. Zudem findet Timo Muße, um zu schreiben – über sein Leben und seine Leidenschaft „Taschenkalender". 1986 hatte er mit zwei Mitstreitern eine entsprechende Interessengemeinschaft gegründet, zum Missfallen der Staatssicherheit. Nach 30 Jahren zieht er sich als Organisator zurück, aber für seine Sammlerfreunde gestaltet er ein Buch zum Thema.

Im Alltag bleibt vieles neu zu ordnen. Im Job war vorgeschrieben, was Timo anzuziehen hatte. Jetzt ist es unerlässlich, dass er einen eigenen Kleidungsstil findet. Zudem fällt das Kantinenessen weg. Das heißt, das Paar kauft mehr ein, es wird gekocht und die familiären Einkünfte nach der Berentung werden neu überdacht.

Roswitha erinnert ihn daran, dass er nicht mehr im Hotel arbeitet. Sie gibt ihm zu verstehen: „Mit mir darfst du nicht so sprechen wie mit deinen vielen jungen Mädels an der Rezeption“. Timo wird sich in manchem ändern und vor allem gelassener werden müssen.

Seit den letzten Jahren beobachtet das Paar den Wohnungsmarkt. Sie überlegen, ihren Lebensabend in der kultur- wie naturreichen Stadt Leipzig zu verbringen. So verbringt Timo seine erste Rentnerwoche mit Roswitha einer Ferienwohnung in der Messestadt. Ein Makler führt sie zu einem denkmalgeschützten Haus in einer ruhigen Umgebung. In Fußnähe befindet sich der älteste Park der Stadt. Es gibt eine Bushaltestelle und zwei

Straßenbahn-Linien. Im 12 Minuten-Takt erreichen sie die Innenstadt.

Die Wohnung ist komfortabel und besitzt eine Fußbodenheizung. Ein großer Balkon bietet eine grüne Aussicht. Außerdem ist im Haus ein Lift eingebaut. Das Paar bewirbt sich um diese Wohnung. Auf der Autorückfahrt teilt ihnen der Makler telefonisch mit, dass sich der Vermieter tatsächlich für sie entschieden hat. Sie sind überrascht. Sie freuen sich, fühlen sich aber auch unter Zeitdruck gesetzt. Zwei Tage später unterschreiben sie dann einen Mietvertrag, kurz vor Weihnachten.

Der Umzug wird geplant. Timo und Roswitha packen alles selbst. Die zukünftige Wohnung ist kleiner, verschiedene Möbel werden entsorgt. Familie, Freunde und Bekannte fragen überrascht: „Warum zieht ihr so schnell um?“

Mein Leipzig lob ich mir ...

Um 1900 war es die reichste deutsche Stadt. Als Messestadt blieb sie in 40 Jahren DDR weltbekannt. 1989 haben Leipziger die deutsche Wiedervereinigung mitentschieden. Die Großstadt bietet wesentlich mehr Möglichkeiten, um den Ruhestand auszufüllen und zu genießen als manche andere Orte. "Mein Leipzig lob ich mir! Es ist ein Klein-Paris und bildet seine Leute", lässt Johann Wolfgang von Goethe eine seiner Figuren im Drama "Faust" über die sächsische Metropole sagen.

Nach dem Mauerfall hat die Stadt, wie der gesamte Osten Deutschlands, erhebliche wirtschaftliche und strukturelle Probleme zu bewältigen. Viele junge Menschen verlassen die Stadt, erhalten bessere Löhne im Westen oder begeben sich ins Ausland. Doch Leipzig erholt sich nach der Eröffnung des neuen Messegeländes, große Automobilfirmen, wie Porsche, siedeln sich an und die Einwohnerzahl steigt. Auf den Brühl-Arkaden blinkt wieder der Goethe-Spruch.

Leipzig hat sich, wie kaum eine andere Stadt seit 1989 gewaltig verändert. In den toten Flüssen, die übermauert wurden, um die Naturschande zu verbergen, schwimmen längst wieder Fische. Und viele der einst bröckelnden Fassaden sind strahlend und behaglich. Ostdeutschland erblüht. Aber noch etwas anderes zählt für Timo und Roswitha: In Hessen sind die meisten Bewohner sich selbst die Nächsten. Die öffentlichen Verkehrsmittel reichen kaum aus. Für alte Menschen ist der Lebensalltag schwierig und kostspielig. Leipzig kümmert sich anders um die älteren Bürger. Viele Einrichtungen sorgen sich um deren Teilhabe an Kultur, Bildung und Sport, um barrierefreie Haltestellen. Der entscheidende Aspekt für Timo und Roswitha sich zurückzuziehen, sind aber die herzlichen Leipziger und die pulsierende City, nicht zu vergessen die Nähe zu ihrer Tochter mit Familie und Freunden.

Viel bietet die lebenswerte Stadt, auf das sie lange hatten verzichten müssen: Messen, Museen, Passagen, die Oper, das Gewandhaus, Sportveranstaltungen, Markttage, ein riesiger Weihnachtsmarkt. Die Nacht vor dem Empfang der Schlüssel für die neue Wohnung verbringen Timo und Roswitha im Hotel „The Westin Leipzig" – ihrer ehemaligen Arbeitsstätte, dem einstigen „Interhotel Merkur". Nur wenige Mitarbeiter kennen sie noch. Die meisten Beschäftigten sind neu. Drei Wochen später rollen zwei Umzugswagen von Hessen, zurück nach Sachsen. Kurz darauf überrascht das Paar beim Bowling sechs Freunde, mit denen sie seit über 20 Jahren verbunden sind, dass die beiden endlich wieder in Leipzig wohnen.

Bei der KFZ-Ummeldung wird Timo gefragt: „Sie kommen aus dem Westen und möchten wirklich so ein altes Auto anmelden?" EU-Anordnungen verlangen einen neuen, teuren Kfz-Schein, es ist erlaubt, das Kennzeichen zu behalten. Nach drei Wochen Stadtverkehr muss der Auspuff des Autos erneuert werden. Straßenbahnschienen tragen mit dazu bei. An einem sommerlichen Tag unternimmt das Paar eine Rundfahrt um das Leipzig-Neuseenland. Auf der Rückfahrt benötigt das Auto schon wieder eine Werkstatt. Nach der Reparatur streikt das Fahrzeug erneut, dieses Mal vor dem Haus. Ist es enttäuscht, kein

Garagenwagen mehr zu sein? Timo und Roswitha entscheiden, sich von ihrem treuen 17-jährigen Audi A3 zu verabschieden. Für Timo ist es nicht leicht, auf das Autofahren zu verzichten. Fast alle Fahrzeugtypen ist er während seiner Berufszeit gefahren. In der Stadt aber ist es oft bequemer, auf öffentliche Verkehrsmittel umzusteigen.

Im ersten Jahr nehmen Timo und Roswitha an vielen Veranstaltungen und Festen teil. Sie besuchen mit Freunden wieder die alljährliche Biermesse, von der sie den Blick zum Völkerschlachtdenkmal genießen. Zu Pfingsten tragen viele in der Stadt Schwarz. Das internationale Wave-Gotik-Treffen (WGT) hat sich seit 1992 an den Pfingstwochenenden zu einem internationalen Anziehungspunkt entwickelt. In den vier Tagen des Festivals können die Besucher mehr als hundert Konzerte erleben. Die Veranstaltungen verteilen sich über die ganze Stadt. Endlich haben Timo und Roswitha Zeit dafür, es zu besuchen und zu genießen.

Freundin Elke aus Hameln ist Mitglied der Band „Dunkelschön“, die einen Auftritt im Mittelaltermarkt „Heidnisches Dorf“ in Leipzig gestaltet. Schon am Nachmittag ziehen dunkle Wolken auf. Das Paar fährt im strömenden Regen mit der Straßenbahn nach Hause und kommt in regenfester Kleidung rechtzeitig zum Konzertbeginn zurück.

Die Wiese ist völlig aufgeweicht, aber die schwarzen Fans tanzen im Regen zu der Musik. Alle haben Spaß und Timo und Roswitha unterhalten sich später im Backstreet mit der Band. Es ist ein fantastischer Abend und am Ende hört der Regen auf.

Wie früher genießen Timo und Roswitha das einmalige Flair zum Passagenfest, welches jedes Jahr Anfang September, in Leipzigs Innenstadt stattfindet. Von den Höfen am Brühl bis zum Petersbogen, von der Marktgalerie über Specks Hof bis zur Strohsack-Passage: An 13 Schauplätzen werden Kunst und Kultur, Genuss und Unterhaltung geboten. Von Musik bis Artistik ist für jeden etwas dabei.

Auch den Weihnachtsmarkt genießen sie. Neben Glühwein locken Kräppelchen, in heißem Öl gebackene Schmalzkuchen. Sie werden traditionell in Leipzig in der Weihnachtszeit angeboten, inzwischen gibt es sie aber schon das ganze Jahr über zu kaufen. Der Name leitet sich vom Krapfen, dem mit Marmelade oder Pflaumenmus gefüllten Berliner Pfannkuchen ab. Die kleinen Krapfen werden mit Puderzucker bestäubt. Am besten schmecken Kräppelchen, wenn sie warm gegessen werden.

Seit dem Mauerfall besucht das Paar einen der vielen Glühweinstände. Er befindet sich auf dem

Marktplatz, gegenüber der legendären Milchbar Pinguin. Das „Weingut Keth“ aus Rheinhessen kommt seit dem Mauerfall jedes Jahr in die Stadt und bietet inzwischen seinen Winzerglühwein Rot auf dem "Leipziger Weihnachtsmarkt" in 1,0 Liter Flaschen an. An diesem Stand wird herzlich bedient, deshalb wird er dicht umlagert.

Ein erlebnisreiches erstes Rentnerjahr endet für Timo und seine Roswitha mit vielen belebenden Eindrücken. Timo merkt, dass er nach seinem Arbeitsleben endlich glücklich ist. Er ist wieder zu Hause, umringt von vielen Menschen, die er um sich hat, die hier aufgewachsen und eine Gemeinschaft sind. Das widerspiegelt sich im Alltag.

Schon nach kurzer Zeit winken drei Busfahrer Timo zu, die an ihm vorbeifahren. Paketboten grüßen das Paar ebenfalls, sie sind froh, wenn sie bei Timo und Roswitha die Pakete für andere Hausbewohner hinterlassen können. In Bussen und Straßenbahnen wird Timo herzlich von Senioren und Seniorinnen gegrüßt und angesprochen, die ihn aus seiner ehrenamtlichen Arbeit kennen und schätzen, wie die Damen auf einer Post, die seinen Smalltalk lieben. Timo summt Udo Jürgens Lied: „Ich bin wieder da.“

Über das Älterwerden

„Altwerden ist nichts für Feiglinge“, lautet der Titel eines Buches von Joachim Fuchsberger, der für Udo Jürgens den Liedtext von „Was ich Dir sagen will“ gedichtet hat. Timo wird das Älterwerden bewusst bei dem freudigen Satz seiner Tochter: „Papa, du wirst Opa!“ Er denkt an seine Großeltern zurück. Am Aufwachsen seiner Enkelin teilzuhaben, macht ihm Freude. Bald darauf sind es zwei. Später wird sein Sohn Vater, Timo und Roswitha werden zum dritten Mal Oma und Opa.

Aber auch dies stellt sich ein: Seit dem 50. Lebensjahr benötigt der dreifache Großvater eine Lesebrille, mit 66 Jahren ein Hörgerät. Beides zu akzeptieren, fällt ihm nicht leicht. Optiker und Hörakustiker begegnen Timo ebenso verständnisvoll wie geschäftstüchtig. Wenig einfühlsam äußert sich in dem Zusammenhang ein Orthopäde im mittleren Alter: „Schwerhörig sind Sie auch noch? Können Sie wenigstens noch das Röntgenbild erkennen?“ Jeder Mensch wird alt, wenn er nicht zuvor stirbt. Timo wechselt die Praxis.

An einem Januarmorgen schaut er zum Fenster hinaus und denkt zurück an seine Kindheit. Wie begeistert hatte er Schneemänner und Iglus gebaut und sie mit Wasser übergossen, damit sie länger hielten. Heute fasziniert ihn wieder diese Stimmung, er beobachtet einen schwarzen Raben mit Schneeflocken auf den Federn, während er auf dem Balkongitter sitzt, gleich neben dem großen roten Weihnachtsstern, umgeben von weiß bedeckten Dächern und eingezuckerten Bäumen. Timo nimmt rasch einige Bilder auf und begibt sich in den nahen Park, um den Zauber des Wintereinzugs mit allen Sinnen zu erleben.

Wenn Timo das von Udo Jürgens gesungene Lied „Mit 66 Jahren" hört, wird ihm bewusst, dass auch er sich in seinem letzten Lebensabschnitt befindet. Also versucht er, jeden Tag zu nutzen und zu genießen. Er strebt danach, sich weiterhin für andere zu engagieren. Das facettenreiche Leben in der Großstadt, die ihm schon immer am Herzen liegt, bietet viele Möglichkeiten, sich zu entfalten.

So gibt es in Leipzig zehn Begegnungsstätten für Senioren und Seniorinnen und zahlreiche gemeinnützige Vereine. Timo weiß noch nicht, wo und wie, in jedem Fall strebt er danach, seine vielseitigen Lebenserfahrungen und seine Fähigkeiten weiterzugeben, an Jugendliche und Ältere.

Zur Bundestagswahl ist Timo Wahlhelfer und wird zum Beisitzer ernannt. Eine Schulung ist nicht notwendig, wird ihm mitgeteilt. Am Wahltagmorgen nimmt der Wahlvorsteher die Schichteinteilung der Mitglieder des Wahlvorstandes vor. Timo soll zur Nachmittagsschicht wiederkommen. Beim Erscheinen wird er zum stellvertretenden Schriftführer befördert. Er arbeitet ohne Pause und versorgt sich selbst. Auf Grund der fehlenden Einweisung und mangelnder Kontrolle werden Wahlberechtigte ungerechtfertigt weggeschickt. Weil die Stimmenauszählung desorganisiert verläuft, kommt es zu einem erhöhten Zeitaufwand.

Timo beschwert sich beim Amt für Statistik und Wahlen der Stadt. Er erhält folgende Antwort: „Wahlhelfer haben wichtige Aufgaben zu erfüllen. Ohne ihre Bereitschaft von Bürgern und Bürgerinnen, die die Wahl als Wahlhelfer unterstützen, ist dies nicht leistbar. Organisation und Durchführung einer Wahl sind sehr umfangreiche Prozesse, bei denen viel bedacht werden muss und bei dem auch manches nicht so optimal läuft wie geplant. Nach Prüfung der Wahlunterlagen, der Wahlorganisation und der Wahldurchführung konnte der Kreiswahlausschuss keine gefährdenden Mängel und somit ein endgültiges Wahlergebnis feststellen“. Timo will daraufhin nicht wieder als Wahlhelfer wirken, es wird akzeptiert. Für seinen Einsatz erhält er eine Anerkennungsurkunde.

Timo wird aufmerksam, auf ein Projekt der „krudebude“ e.V. und ruft in der Einrichtung an. Eine nette, junge Dame lädt ihn zu einem Treffen ein. Die Projektwohnung „krudebude“ hat eine 3-Raumwohnung im ersten Stock des Wächterhauses am Stannebeinplatz 13 in Leipzig-Schönefeld. Die Wohnung verfügt über eine Fläche von ca. 73 m². Sie ist in drei Ausstellungsräume aufgeteilt und wurde bewusst nur teilweise saniert, um den Charme der Räume zu bewahren. Ein großer, grüner Kachelofen beheizt das Zimmer. Durch die alten Fenster hört man den Lärm der Straßenbahn und der Autos.

Im Kreis, auf rustikalen Holzstühlen sitzt Timo mit Studenten und sechs anderen „Zeitzeugen“. Der Wissensdurst der 7 westdeutschen Jugendlichen der Universität Leipzig ist groß. Das Projekt heißt: „Westblech und Wendeschwur“ – Geschichten aus der DDR – Nachwendezeit. Sie fragen: „Welche persönlichen Erlebnisse und Erfahrungen stecken hinter der großen Rede von der Friedlichen Revolution in Leipzig? Wie erlebten Menschen hier den historischen Umbruch um ‘89 und die Zeit danach?“ Herzlich und vergnüglich finden Interviews statt, sie fragen die Zeitzeugen nach ihren individuellen Erfahrungen und Erinnerungen. Eine Ausstellung entsteht.

Die Besucher erleben dabei eine pluralistische und subjektive Perspektive auf die Zeit nach der Wende. Auf Monitoren sind die Interviews zu sehen. Die Begleit-Broschüre wird gefördert von der Leipzig-Stiftung, dem Kulturamt der Stadt und dem Stadtumbau Ost. Im Rahmenprogramm der vierwöchigen Vernissage findet ein Speed Dating, eine Diskussion zum Film „Alles auf Anfang" mit Peter Wensierski, ein Sonderprogramm Tonbandgerät und eine performative Lesung von Elisa Uerberschär „Von verlorenen Illusionen" statt. Danach laden die Studenten alle Teilnehmenden zu einem Büfett ein. Die Projektgestalter und Mitwirkenden wollen in Kontakt bleiben, für zukünftige Projekte.

Auch Roswitha will sich ehrenamtlich einzubringen, um andere Menschen kennenzulernen und zu helfen. Eines Tages findet sie den Weg zu „Inge & Walter" in die Eisenbahnstraße. Sie hatte gehört, dass dort ein Aquarellkurs stattfindet. Große Schaufenster eines ehemaligen Ladens laden ein, hineinzuschauen. Auf einer grünen Tafel ist ein buntes Bild gemalt, welches auf eine der nächsten Veranstaltungen hinweist. Die Diplom-Sozialpädagogin Susanne, ist seit der Eröffnung 2017 in diesem Seniorenbüro. Sie nimmt sich sofort Zeit, Roswitha von dem vielfältigen Angebot zu berichten. Sie sitzen an einem der Möbelstücke, die alle mit Lebensgeschichten verbunden sind. Es sieht gemütlich aus, wohnlich. Gedächtnistraining, sportliche und kulturelle Veranstaltungen finden statt.

Man spielt Rommé, Skat, singt und tanzt. Es finden Buchlesungen statt, Vorträge über verschiedene Themen, der Kreativkurs, auch kleine Ausflüge werden unternommen.

Kurze Zeit später engagiert sich Roswitha in der Begegnungsstätte. Dort bastelt sie, entdeckt ihr Talent für Aquarell-Malerei und nimmt an Workshops, Grafik- und Hochdruck-Kursen teil. An einem Tagesausflug nach Bad Kösen ist auch ihr Mann dabei. Er erhält tiefere Einblicke in die Vielseitigkeit des Vereins und lässt sich von der Kreativität und Herzlichkeit des Teams anstecken. Zwischen einem der Mitarbeiter, der malt, singt und Klavier spielt, entwickelt sich eine Freundschaft. Beide lieben Udo Jürgens. Ein Nachmittag über das Leben und Schaffen dieses Sängers und Komponisten inspiriert Timo, den Besuchern von seinen Begegnungen mit Udo Jürgens zu berichten.

Später gestaltet er eine Buchlesung. Auch anderen Begegungsstätten bietet Timo seine ehrenamtliche Mitarbeit an. Er nimmt an Stammtischen teil sowie an einem Sommerfest und einem Grillnachmittag, bei denen er seine gastronomischen Erfahrungen einbringt. Darüber hinaus betreut er Smartphone-Kurse und hilft behinderten Menschen bei Laptop-Problemen. Außerdem tritt er dem „Dialog e.V." bei, da er gerne schreibt und eine Plattform sucht, um das Geschriebene zu diskutieren. Sich gegenseitig Texte vorzutragen, sie kritisch zu reflektieren und sich zuzuhören, hilft ihm. Er erhält viele Anregungen. Gerade die Verschiedenartigkeit der Mitglieder reizt ihn. So stellt er auch die Idee für ein neues Buch vor.

Kreativität mit 4 Generationen

„Drum erwarte dir / nicht zu viel von mir, / Denn ich bin doch nur / EINFACH ICH...“ singt Udo Jürgens in einem seiner Songs. Durch den Dialog e. V. und die Caritas wird Timo aufmerksam auf eine 4-tägige Projekt-Werkstatt für Kreatives Schreiben, Zeichnung & Druckgrafik. „Zwischen Poesiealbum und Message. Als ich so alt war wie du …!“ ist sie überschrieben.

Timo sucht schon immer den Kontakt mit jüngeren Menschen. Das lockt ihn. Zwar weiß er nicht genau, was ihn erwartet, und er gibt in der Vorstellungsrunde zu bedenken, man solle nicht zu viel von ihm erwarten. Aber er will sich den Herausforderungen stellen

An den ersten beiden Tagen trifft er sich mit 4 Generationen in der Probsteikirche. Lebenserfahrungen werden ausgetauscht und alte Spiele finden neue Liebhaber. Jung und Alt porträtieren sich gegenseitig, für Timo eine Premiere. Das letzte Porträt hatte er während der Schulzeit versucht. Auch ein Fotoshooting findet statt. Fantasia-Figuren, Gedichte und Texte entstehen. „10 Menschen, 10 Porträts und 10 Geschichten. 4 Generationen.“ Ist danach auf Instagram zu lesen.

In der Grafikdruckwerkstatt Werk 2 e.V. werden Scheren- und Linolschnitte angefertigt. Reime entstehen. Es wird gestempelt, mit alten Schreibmaschinen geschrieben und es wird gedruckt. Nach nur 20 Stunden, mit kurzen und geselligen Pausen, liegen gebundene Poesiealben vor. Die 9- bis 81-jährigen Teilnehmer sind während der intensiven Werkstattzeit zu einem herzlichen Team zusammengewachsen.

Die Praktiken in der Kunstdruckwerkstatt sind für Timo neu, nicht immer einfach, jedoch sehr spannend. Er hat Respekt vor den erfahrenen Grafikerinnen Nadine und Heide, die mit ihrem Wissen, ihrer Kreativität, Geduld und Herzlichkeit Jung und Alt vereinen und fördern. Vor allem aber ist er dankbar, dass er Begegnungen wie diese erleben – wieder erleben – darf.

Entschleunigung und Besinnung

Noch gut erinnert sich Timo an einen Sonntag im März 2020. Vielerlei Spekulationen waren vorangegangen, über etwas, das auf uns alle zurollt oder schon zugerollt ist. Dann wird es von heute auf morgen Gewissheit. Eine Epidemie mit dem Namen „Corona" bricht ein. Das Leben wird gebremst. Ein Prozess der Entschleunigung und der Besinnung setzt ein. Nichts ist mehr selbstverständlich. Ein Freund, er ist Musikwissenschaftler, schildert Timo, dass es den Begriff „Corona" schon in der Musik gegeben hat: Früher bezeichnete er mal die Fermate, jenes musikalische Zeichen, das in Notenzeilen bedeutet: anzuhalten.

Timo wünscht sich, wie viele Menschen, bewusster, nachhaltiger und menschlicher zu leben. Die Welt strebt rücksichtslos, ohne Vernunft und Nächstenliebe, nach Profit und Genuss. Warum und wofür? Das Leben wird nun weltweit gestoppt und es verändert sich. Timo hat schon längst für die Welt, die sich in Kriegen verstrickt und Ressourcen rücksichtslos ausbeutet, eine Entschleunigung erhofft. Jetzt ist sie ist da, aber unbarmherzig. Sie trifft zuallererst Alte und Bedürftige, die in den Blickpunkt rücken. Sie sollen, angeblich zu ihrem Schutz, zu Hause bleiben, womit sie in die Einsamkeit und Hilflosigkeit verbannt werden.

Deutschland hat viele betagte Menschen. Die Pflegeplätze sind rar, überteuert, teilweise herrschen katastrophale Zustände. Es mangelt an Personal und die Pflegekräfte sind unterbezahlt. Udo Jürgens hat über diese Probleme gesungen, in dem Lied „Lieb Vaterland“: „Im Dunkel stehen die Schwachen und die Alten, für Krankenhäuser fehlen Dir Millionen.“ Begegnungsstätten und andere soziale Einrichtungen werden beim ersten „Lockdown“ geschlossen bzw. extrem in ihrer Arbeit eingeschränkt. Die Mitarbeiter und Ehrenamtlichen stehen vor dem Problem, neue Lösungen zu finden, um den Alten, Bedürftigen und den einsameren Menschen, weiterhin zu helfen.

Timo hat in seinem Leben außergewöhnliche Situationen erlebt und stellt sich dieser Herausforderung. Er ist Pensionär, ihm fällt es leichter, mit den Einschränkungen umzugehen als jungen Familien und Berufstätigen sowie Kindern, die plötzlich ihre Freunde nicht mehr sehen können, höchstens noch durch die sozialen Medien.

Timo zieht sich auf seine familiäre Insel zurück, in der er, wie immer, Halt und Zuversicht findet. Er analysiert die Lage, recherchiert Hintergründe und versucht, für sich und Roswitha, das Beste aus der Situation zu bereiten. Vor allem versucht er, seine Familie zu stärken und denkt dabei an das Lied von Udo Jürgens: „Deine Einsamkeit". Darin heißt es: „Fertig wirst du nie mit ihr, ohne jemand neben dir." Timo will in diesen komplizierten Tagen, Wochen und schließlich Monaten auch anderen helfen. Er hört Bekannten am Telefon zu und kommuniziert mit WhatsApp. Andere Menschen bei Spaziergängen zu zweit und an frühlingshaften Sonnentagen, mit Abstand, auf Parkbänken.

Dabei bietet er auch an, moderne Kommunikationsmittel zu erläutern, Interessenten zu befähigen, mit Smartphone und Laptop umzugehen, auch wenn sie bislang Technik abgelehnt haben. Nicht wenige nehmen das Angebot an. Für manche ist es eine willkommene Gelegenheit, mit jemandem zu reden. Die technische Unterweisung wird zur Nebensache. Timo spürt, wie viele Menschen schon lange bevor die Pandemie den Alltag zu bestimmen begann, einsam gewesen sind.

Eine Frau berichtet, wie sehr sie vor allem in der dunklen Jahreszeit leidet, an den langen und dunklen Abenden allein. Eigentlich hat sie sich bei Timo gemeldet, um ein Handyproblem zu klären. Doch nach zehn Minuten steckt sie es weg und schüttet ihr Herz aus. Sie benötigt jemanden, der mit ihr zusammen dringend nötige Formulare ausfüllt. Aber sie kennt niemanden, der sie unterstützt. Internet besitzt sie nicht und möchte es auch nicht. In ihrer Wohnung zu sitzen, bereitet ihr zunehmend Angst. Vor „Corona" sei sie immer mal einen Kaffee trinken gewesen. Dabei habe sie sich unter Menschen gefühlt. Aber das ist ja nun nicht möglich. Sie fühlt sich unter Stress, will am liebsten fliehen.

Timo spürt, wie viele Menschen in seinem Umfeld ähnliche Empfindungen mit sich tragen. Auch mit bislang unbekannten Menschen auf der Straße, an der Haltestelle oder in der Warteschlange vor dem Supermarkt kommt er ins Gespräch. Trotz Maske lächeln sie sich an.

Roswitha befindet sich in der höchsten Prioritätsstufe der Impfordnung. Nur mit Mühe gelingt es ihr, einen Impftermin zu vereinbaren. Dass gleichzeitig ihr Mann das Recht dazu hat, erfährt sie erst hinterher. Timo versucht daraufhin, über die ständig besetzte Plattform einen eigenen Impftermin zu ergattern. Gerade erst ist der Impfstoff Astraceneca abgesetzt worden, offenbar hat es Fälle von Thrombosen gegeben. Dann wird er für Menschen ab 60 Jahre wieder freigegeben, später auch für Jüngere.

Timo bekommt einen Termin und fährt zum Impfzentrum auf der Leipziger Messe. Vor dem Eingang hört er jemand laut sagen: „Ich habe meinen Impftermin nicht mit dem Internet vereinbart. Ich habe ihn telefonisch abgesprochen, weil ich endlich wieder Mal mit einem Menschen persönlich sprechen wollte." Der Mann ist zehn Jahre älter. Er zeigt Timo seinen mit der Post erhaltenen Impftermin. Beide haben die gleiche Impfzeit, aber mit unterschiedlichen Impfstoffen. Erschrocken wendet sich der Mann an einen jungen Security-Mann, der ihn mit den Worten beruhigt, dass verschiedene Impfungen zur gleichen Zeit stattfinden, und dann den wartenden Impfwilligen zuruft: „Na ich lass mich hier nicht impfen. Und wenn ich dazu gezwungen werden sollte, dann nur mit dem Impfstoff Sputnik, dem ich vertraue". Als Timo schließlich im Impfzentrum Einlass findet, fühlt er sich wie zur „Musterung".

Kurze Zeit später werden alle Impfstoffe freigegeben und Kategorisierungen entfallen. Zudem erfährt Timo, dass nach ihm Geimpfte viel eher die zweite Spritze erhalten. Er begreift es nicht und schreibt an den Gesundheitsminister Jens Spahn. Dabei beruft er sich auf das Gleichstellungsgesetz. Eine Antwort von der Bundesregierung erhält er nicht, aber das Impfzentrum Dresden teilt ihm mit: „… diese verkürzten Regelungen sind derzeit nur in den Hausarztpraxen umsetzbar." Timo fragt sich wie Udo Jürgens in seinem Lied: „Was ist das für ein Land?"

In einer freundlichen Klinik bekommt er einen zweiten Impftermin. Er erwähnt, dass er den Partnertermin zur Impfung übersehen hat und seine Erfahrungen im Impfzentrum für ihn sehr geteilt gewesen seien. Die Ärztin nickt und gesteht, dass die Klinik am Anfang keine Kenntnisse darüber besessen habe, dass Partnerimpfungen möglich sind. Sie bedankt sich für seine zweite Impfbereitschaft. 42 Tage früher wie geplant, ist Timo vollständig geimpft. Er glaubt, dass Astraceneca kein schlechter Impfstoff ist. Bei dem vielen Hin und Her, denkt er, spielen nicht zuletzt Konkurrenz und Profit eine Rolle.

Nach der Impfung schlendert Timo durch den Hauptbahnhof. Vor einem wiedereröffneten Geschäft sieht er eine mit vier Herzen bemalte Tafel, auf der steht: „Testfrei-Terminfrei-Formularfrei. Kommen Sie einfach rein!“ So locker kann es auch zugehen, geht Timo durch den Kopf und weiß, wie sehr der Einzelhandel unter der Situation leidet. Viele Menschen kaufen, von der Not bestimmt, im Internet. Sie werden sich daran gewöhnen. Oder üben sie Solidarität?

Am Abend telefoniert Timo mit einer alten Bekannten. Sie ist reich und lebt in jenem Hotel, in dem er einst Chefportier gewesen war. Timo spürt, dass er ihr fehlt. Sie sagt ihm oft, dass er alles richtig gemacht habe und freut sich darüber, dass er mit Roswitha in Leipzig, wieder glücklicher ist. Inzwischen ist die Dame die letzte Bewohnerin in dem First-Class-Hotel. Vieles hat sich für sie verändert. Seit „Corona“ erhält sie ihr Frühstück vor ihre Tür gestellt. Alle Restaurants, Bars, das Wellnesscenter und der Beauty-Bereich sind geschlossen. Sie verpflegt sich selbst und bekennt: „Es ist wichtig für mich, dass man nicht abhebt und dass man empathisch bleibt.“ Sie weiß, dass es bestimmte Dinge – die lebenswichtigen – eben nicht für Geld gibt. Auch reiche Menschen sind einsam. So schätzt es die Dame außerordentlich, sich mit Timo so offen über Gedanken und Gefühle austauschen zu dürfen. Und mit ihren 91 Jahren weiß sie, dass ihre Tage gezählt sind.

Timo entdeckt an dieser Zeit auch positive Seiten. Er empfindet eine Entschleunigung. Durch andere fühlt er sich in seiner Wahrnehmung bestätigt. Eine Freundin beispielsweise schreibt ihm: „So verrückt es klingt, Corona hat mein Leben deutlich verbessert! Früher war kein Home-Office möglich, aber jetzt.“ Sie sieht es als einen Genuss an, weil sie für den Weg zur Arbeit mindestens 60 Minuten braucht. Sie hat zwei Stunden Freizeit gewonnen. Zu Hause fühlt sie sich ungestört und schafft mehr. Bislang war sie regelmäßig geschäftlich auf Messen oder Tagungen unterwegs gewesen. Im Winter hat sie meist nur am Wochenende Tageslicht erlebt.

Doch zwei Monate später klingt ihre Begeisterung über die neuen Möglichkeiten schon weniger euphorisch. Inzwischen liegt sie meist schon 21 Uhr geschafft im Bett. Ihr Arbeitspensum hat sich erweitert. Das private WLAN ist viel langsamer als das gewohnte im Büro, das kostet zusätzliche Zeit und Nerven. Die privaten Nebenkosten für Strom, Heizung und Wasser haben sich erhöht.

Trotzdem: Timo sieht das Positive der „Corona-Zeit“. Viele entdecken ihre Nachbarn, die Natur und ihr Land, weil weite Reisen nicht möglich sind. Jung und Alt kaufen sich Fahrräder, so dass diese Mangelware werden. Oder sie gehen, anstatt mit dem Flugzeug Kontinente zu überqueren, im heimischen Umland spazieren. Auch bemerken sie, wie schön doch ein Picknick mit Freunden oder der Familie sein kann. Viele rücken enger zusammen. Es ist nicht mehr nur jeder sich selbst der Nächste.

Roswitha widmet sich verstärkt kreativen Arbeiten. Mit Hilfe der Malerin Tatiana Petkova malt sie Aquarelle. Außerdem puzzelt sie und bastelt mit Diamond Painting 5 D-Bilder. Das bedeutendste Werk besteht aus 3000 Perlen. Timo recherchiert im ersten Lockdown für die Familienchronik, bis er nach Monaten keine neuen Quellen mehr aufspüren kann. Im zweiten Lockdown erlebt Timo wieder mal, dass man sich im Leben mindestens zweimal trifft. Zufall ist für ihn eine Bestimmung.

Timo ordnet seine langjährigen Unterlagen. Dabei stößt er auf die Emailadresse einer langjährigen Brieffreundin. Er hat lange nichts mehr von ihr gehört und er erkundigt sich nach ihrem Befinden. Alles ist wieder sofort so, wie es früher war. Sandra aus Luxemburg und Timo wissen, dass es in Freundschaften Pausen geben kann und die besten Freunde diejenigen sind, welche man im Herzen trägt.

Mit Unterstützung der Zeitzeugen-Website der Bundesregierung, wo Timo als Zeitzeuge gelistet ist, bekommt Timo, nach über 50 Jahren, eine Verwandtschaft-Anfrage. Seit wenigen Monaten recherchiert ein Cousin seine Familiengeschichte. Corona gab ihm Zeit dazu. Als Kind hatte er Timo mit seinem Vater in Borna besucht. Er erinnert sich an einen weißen Bremsfallschirm an der Decke von Timos Kinderzimmer. Die Leipziger Oma Hanna liebte ihre Enkel. Ihren Opa lernten sie nicht kennen, er galt im Krieg als verschollen. Timo gelang es, zu ermitteln, dass er 1940 in Frankreich ums Leben kam.

Es folgen E-Mails. Maik, so heißt der Cousin, ist der Sohn von Timos verstorbenem Onkel Frank. Mike hat sie seit der Jugendweihe nicht mehr gesehen. Tante Hanna traf er das letzte Mal kurz vor der Währungsunion. In der Leipziger-City kaufte sie ihm, einem Straßen- verkäufer, ein Eis ab. Zu diesem Zeitpunkt starb sein Vater, wie zuvor Timos Vater, an einem Herzinfarkt. Mit Onkel Wolfgang, dem jüngsten der Brüder, war Timo in Kontakt.

Zwei Tage später vereinbaren die Männer ein Treffen. Maik ist glücklich und aufgeregt, weil alles so schnell passiert, und er will nichts vermasseln. Er schreibt: „Wir sehen uns morgen vor dem Grassimuseum. Ich habe ein schwarzes Baseballcape auf und eine braune Lederjacke mit

Kunstfellkragen, eine gestreifte Hose und Schuhe an, die aussehen, wie Turnschuhe." Zwischen blühenden japanischen Kirschbäumen erkennen sie sich und winken sich schon von weitem zu. Sie haben sich viel zu berichten. Anderthalb Stunden verbringen sie auf einer Bank im Sonnenschein.

Sie stellen fest, dass sie beide, zeitversetzt, ein Jahr lang in die gleiche Schule in Leutzsch gegangen sind und sogar im selben Kinderheim waren. Maik lebte damals im Heim. Seine Eltern waren geschieden. Er begann eine Lehre zum Zerspanungsfacharbeiter, beendete sie aber nicht. Mit vielen Gelegenheitsjobs schlug er sich durchs Leben und war zu allen Jobs bereit. Keine der Maßnahmen der Eignungsfeststellung und Trainingsmaßnahmen verhalfen ihm zu einem Arbeitsvertrag. Seine Betreuerin stellte ihm mündlich eine Festeinstellung in Aussicht. Ein Jahr absolvierte er mit großer Hoffnung eine Weiterbildung und erhielt dafür ein Zertifikat. Nachdem die Zeit um war, befand sie sich in Rente und niemand im Arbeitsamt glaubte ihm. Er war enttäuscht.

Bis Corona kam mit seinem Leben klar. Er braucht kein Fernsehgerät, kennt sich mit Computern aus, fertigt professionelle Websites an, synchronisiert Hörspiele und spielt Keyboard. Er arrangiert sich in der musikalischen Szene. An der Haltestelle verabschieden sie sich. Inzwischen ist ein Gewitter aufgezogen und es donnert. Maik grüßt unbekannterweise Roswitha und sagt: „Hörst du? Unsere Ahnen klatschen uns gerade Applaus."

Maik verbringt seit dem Mauerfall sein Leben mit dem Arbeitsamt mit mehr oder weniger erfüllenden Tätigkeiten auf dem „zweiten Arbeitsmarkt". Aber Timo hat den Eindruck, dass Maik trotzdem nicht unglücklich ist. Er hat gelernt, mit wenig auszukommen.

Timo ist beeindruckt und hört danach den Song von Udo Jürgens: „Auf Wiedersehen und Dankeschön für diesen schönen Tag." Die Lieder sprechen Timo aus dem Herzen. Er findet darin Antworten auf dringliche politische Probleme seiner Zeit. Aber auch alltägliche Gefühle klingen aufrichtig an. Die Songs geben Timo Kraft. Er ist ein Optimist. Corona wird vorüber gehen, hofft er, aber auch dass dann eine neue Form der Normalität im Zusammenleben der Menschen beginnt. Leise summt er vor sich hin: „Ja immer wieder geht die Sonne auf, denn Dunkelheit für immer gibt es nicht."

Danksagung

Ohne die Leidenschaft, das Wissen, die Zeichnungen und das Geschick von meinem Freund, dem Musikwissenschaftler und Autor Thomas Schinköth, würde dieses Buch nicht existieren. Ich danke der freien Autorin Hannelore Crostewitz, die mir als Mentor zur Seite stand. Dank aber auch an meine Familie und meine Freunde Steve, Resa, Stanimir, Patricia, Elke, Rigmor, und all die anderen, für Eure Ermutigung – sie hat mir viel bedeutet. Mein größtes Dankeschön muss an meine einmalige Frau Elfrun gehen für all die kleinen Dinge die sie täglich, seit über 4 Jahrzehnten, für mich und ihre Familie leistet. Ohne sie wäre ich nicht so stark geblieben.

Musik ist für Timo Therapie und er denkt dabei an den Abschiedssong:

„Ich lass euch alles da“ sang Udo Jürgens.